为聪慧与高尚的人生奠基

窦桂梅

谨以此书献给清华大学附属小学百年诞辰

# 儿童站在学校正中央

## 教师可以为学生做的事

（第二版）

窦桂梅 主编

华东师范大学出版社

上海著名商标

ECNUP

全国百佳图书出版单位

**图书在版编目（CIP）数据**

儿童站在学校正中央：教师可以为学生做的事/窦桂梅主编 .—2 版 .—上海：华东师范大学出版社，2016.3
（名校教育探索）
ISBN 978-7-5675-4943-2

Ⅰ.①儿... Ⅱ.①窦... Ⅲ.①小学教育—研究 Ⅳ.① G62

中国版本图书馆 CIP 数据核字（2016）第 056616 号

大夏书系·名校教育探索

# 儿童站在学校正中央（第二版）

——教师可以为学生做的事

主　　编　　窦桂梅
副 主 编　　连　洁
策划编辑　　李永梅　卢风保
审读编辑　　卢风保
封面设计　　奇文云海·设计顾问

出版发行　　华东师范大学出版社
社　　址　　上海市中山北路 3663 号　邮编　200062
网　　址　　www.ecnupress.com.cn
电　　话　　021 - 60821666　行政传真　021 - 62572105
客服电话　　021 - 62865537
邮购电话　　021 - 62869887　　地址　上海市中山北路 3663 号华东师范大学校内先锋路口
网　　店　　http ://hdsdcbs.tmall.com

印 刷 者　　北京汇林印务有限公司
开　　本　　700×1000　16 开
插　　页　　1
印　　张　　17.5
字　　数　　150 千字
版　　次　　2016 年 4 月第二版
印　　次　　2020 年 7 月第三次
印　　数　　10 101~12 100
书　　号　　ISBN 978-7-5675-4943-2/G·9258
定　　价　　42.00 元

出 版 人　　王　焰

（如发现本版图书有印订质量问题，请寄回本社市场部调换或电话 021-62865537 联系）

我是清华人，努力用敬业、博爱、儒雅成就每一个学生，把每一个学生的成长当作我们的最高荣誉！

——清华附小教师誓词

立人为本，成志于学。1915 年，为解决清华大学教职工子弟的求学问题，成志学校创立。办学伊始，学校就以自强不息、厚德载物的民族精神为根基，着眼于培养学生完整的人格。华夏罹难，老师们激励学生自强不息，挺起中华民族的脊梁。西南联大附校时期校友回忆起当年的小学生活时，印象深刻的不是艰苦的环境，而是老师对学生的爱，以及学校与众不同的教育特色，老师的因材施教、对学生兴趣的培养，等等。

建校以来，叶企孙、冯友兰、马约翰、萧公权、朱自清、李广田、潘光旦等大师们，培养并影响了一代又一代的清华附小人，他们中有科学家、有奥运冠军、有大学校长、有著名医生、有特级教师……甚至同一间教室走出了两位院士——诺贝尔物理学奖获得者杨振宁院士和张滂院士，一时传为佳话。

儿童的成长是学校存在的全部意义。从 1915 年的成志学校，到如今的清华附小，回顾百年，无论岁月怎样更迭，不变的是始终坚持的让儿童站在学校的正中央！清华附小一切以学生的成长为出发点，让儿童站在操场、课堂、舞台、活动现场等的正中央。教师把学生的成长当作职业的最高荣誉。

兴趣是最好的老师，附小的老师们借助晨练微课堂、拼音小火车、漫画数学、创意摄影等方式，调动学生对体育、学习、艺术等的兴趣。学生有了兴趣后，老师们又思考着如何让学生找到更多乐趣，将兴趣变成志趣，于是校园吉尼斯、水木秀场、小小演说家、百天坚持好习惯、兑奖地图、小课题研究等应运而生。在附小多种多样的社团中，在丰富多彩的展示舞台上，在老师们不断的赞美鼓励中，学生们又逐渐将志趣转化为远大的志向。由兴趣而志趣而志向，学生在成长成才的道路上逐渐实现着提升与蜕变。

清华附小的老师们认为，教育必须培养全面、和谐、完整的人，必须指向人的核心素养，让学生追求完整的生活、完整的人生。本书以图文并茂的方式，展示了附小教师为学生做的近千件事，从课程设置到主题教学，从教学巧方法到教育金点子，从教室文化布置到校园氛围营造，从评价机制创新到展示平台搭建……这一点一滴都是附小教师智慧的结晶，都凝聚着教师们的付出与爱心。这一桩一件，都是为学生的身体健康奠基，为学生的聪慧学习奠基，为学生的高尚人格奠基，帮助同学们提升身心健康、善于学习、审美雅趣、学会改变、天下情怀五大核心素养。虽然记录了近千件事，但是附小老师为学生做的远远不止这些，仅以此为代表，具体呈现与诠释百年附小的教育情怀：让每个学生在清华文化的润泽下，打下聪慧与高尚的人生基础。百年清华附小，百年成志路，共谱教育华章育英才！

窦桂梅

# 目 录

## 第一辑　　为学生身体健康奠基

**强健体魄** / 3

一、我们一起动起来 / 3

　　冰球训练、球员身价榜、晨练之星、全校玩起足球操、切磋球技、体育通A
赛……

二、好玩儿的体育 / 11

　　足球嘉年华、小小毽子飞起来、老师也来比跳绳、附小"世界杯"开幕式、跳房
子、擂主争霸……

三、你好，十分钟 / 18

　　手指足球、漫步校园、小沙坑、棋类挑战赛、跳大绳、绘本墙下小憩……

四、安全的健身房 / 24

　　打不倒的拳击柱、攀爬树、足球王国、桐荫乐园、爱心拐杖、康复床……

五、为健康保驾护航 / 33

　　校园平安系统、安检卫士、健康加餐、健康水吧、防暑降温、雪后的温暖……


**阳光心态** / 39

一、我们在成长 / 39

　　三字口诀歌、我光盘我光荣、诚信银行、百天坚持好习惯、做时间的小主人、在
规则里尽情玩耍……

二、我最独特 / 45

　　我的未来不是梦、漫画班级星、了解独特的我、秀出最美的自己、做最好的自己、
班级之最……

三、三张名片的故事 / 51

小密探信箱、班级感恩日、寻找班级最美笑脸、推行鞠躬礼、三张名片杯、画我可爱的同桌……

## 健康心理 / 58

一、健康小专家 / 58

突围不健康食品、健康指数大转盘、小交警、雾霾知多少、我爱运动、室内体育课……

二、别担心我们在一起 / 66

种子教室、悄悄话、拥抱健康、绘本里的上学记、军训课程、幸福宝箱……

# 第二辑　　为学生聪慧学习奠基

## 学习兴趣 / 73

一、乐学从这里开始 / 73

魔力空间、爱上教室、看图写话我出题、橡皮的故事、地砖上的植物、生字火车开起来……

二、长满书的大树 / 85

晨读微课堂、共读时光、全息式阅读、《丁香娃娃奇遇记》、图书漂流起来、推荐书单……

三、多彩的作业 / 95

有生命的叶子、美丽摘抄本、童话续编、我是绘本大师、公益小书箱、绘本接力日记……

## 学习习惯 / 103

一、来一场头脑风暴 / 103

全脑速读课程、知行楼有多高、魔尺花样秀、思维导图、英语单词大轮换、小小联播大智慧……

二、合作形成合力 / 114

静悄悄的改变、师徒制、改变从小组化开始、小组成果篮、小助教、识字小考官……

**学习乐趣** / 123

　一、动手创造的精彩 / 123

　　数科实践基地、创意相框、小魔毯、环保时装秀、好玩儿的拼图、树叶拓印……

　二、添加生活超链接 / 132

　　跟着老师逛北京、豆宝宝成长记、丰收时节、小小限号表、贴心小厨师、春分竖蛋……

　三、多一把尺子 / 142

　　独具个性的奖励、亲近南瓜奖、成长护照、太阳花评价牌、期末拍卖会、批改中的交流……


**学习志向** / 150

　一、掌声响起来 / 150

　　慧眼识珠、《水木童心》、我来主持家长会、小小戏剧家、国学展示、暑期秀场……

　二、让兴趣的种子发芽长大 / 162

　　机器人社团、"青苹果乐队"、"紫星星"编辑部、DI社团、荷塘诗社、"雪点儿"文学社……

　三、绝知此事要躬行 / 173

　　京剧进课堂、校园植物大搜索、小导游、那片绿绿的小菜园、玩转风筝、清华风物游……

# 第三辑　　为学生高尚人格奠基

**家国情怀** / 191

　一、呵护与感恩 / 191

　　举牌制度、私人定制水杯、萌爸萌妈来运动、亲子时装秀、班级全家福、向好妈妈致敬……

　二、我爱我的家 / 208

　　金点子信箱、百篇随感迎百年、我是附小代言人、千人千朵丁香花、浓浓清华情、百年祝福卡片……

三、中国灵魂 / 219

播下热爱母语的种子、快乐中秋、一个人的入队仪式、寻根清华园、最美中国节、荣誉升旗手……

## 国际视野 / 227

一、把世界带进教室 / 227

文化体验、丹麦戏剧进校园、英美文化日、英超来附小、南瓜灯的故事、圣诞节主题课程……

二、放眼看世界 / 232

陪你到美国、西方文化讲座、附小在联合国、天外来客、足球队赴阿根廷培训、参观爱文世界学校……

## 审美雅趣 / 237

一、美无处不在 / 237

美丽的建筑、阳光房、生态家园、堆雪人、寻找附小最美的角落、华宇池……

二、发现美的眼睛 / 241

水木之夏、毕业照也是风景、童心看世界、走进诗词、玉兰诗会、班级好声音……

三、校园毕加索 / 247

山水涂鸦、手绘T恤、原创音乐会、最美纸艺花、爱上石头画、粉笔盒的外衣……

## 学会改变 / 254

一、小鬼当家 / 254

观察蚕的一生、"护蛋行动"、学长日、成长的见证、午餐志愿者、毕业典礼学生筹委会……

二、大手拉小手 / 263

温暖"衣"冬、亲子共学、书画进社区、家长水木秀场、牵手西部足球少年、请家长进课堂……

## 第一辑
# 为学生身体健康奠基

　　一味野蛮锻炼学生的身体，就是为学生的身体健康奠基吗？不，清华附小的老师们关注并着力呵护的是学生的生理和心理健康。附小学生不仅要体质强健，坚持锻炼，养成良好的生活习惯，而且要热爱生活，自信向上，积极进取，朝气蓬勃，富有"精气神"。

## 一、我们一起动起来

**001** 板球运动

学校在所有年级开设了板球特色课堂和选修课程，力争让更多的孩子受益。为了培养学生的团队意识，学校还组织了板球年级联赛。（车立强）

**002** 冰球训练

每周五晚上9点或者周六早上6点，老师都会组织冰球队的孩子去冰场统一训练，在训练中提高孩子的技术，培养孩子奋勇拼搏的精神！（何宇畅）

**003** 轮滑训练

轮滑作为体育自主选修课程，深受学生喜爱。每周一到周五下午放学后，轮滑老师都在"X课程"中，把自己的所学毫无保留地教给自己的学生，让学生在轮滑中体会到运动的乐趣。（何宇畅）

**004** 附小有游泳课啦!

新学期开始,四年级同学有游泳课啦!同学们跟着老师来到陈明游泳馆,大家被三名专业教练带入场馆,分初级、中级、高级三个小组开始上课。初级班同学在教练的指导下学习基本动作,中级班练习水下基本功,高级班学习各种泳姿。上课期间游泳馆是不对外开放的,专业的教练,安静的环境,适宜的水温,同学们学得充实又开心。(黄 静)

**005** 翻滚吧,足球!

为了参加学校组织的足球联赛,班里组织开展了"快乐足球"的活动,得到了学生和家长的积极响应:平时,利用周末踢一次;暑假时,一周踢两次。每次踢球,家长教练会先带领同学们做准备活动,做一些基本功的训练,然后分队比赛。队员除了孩子们还有家长,班主任老师也是每次上场的"主力"。当孩子和父母老师同时在赛场上奔跑时,得到的远远超过踢球本身。翻滚吧,足球! (李红延)

**006** 减肥锻炼

每天清晨在 CBD 校区的操场上,你都可以看到老师带着一群像"暖羊羊"一样可爱的孩子一起锻炼。不管是寒冷的冬天,还是炎热的夏天,老师都在陪伴鼓励他们。功夫不负有心人,他们的体重得到了有效的控制。(李佳宁)

## 007 蹦蹦跳跳来运动

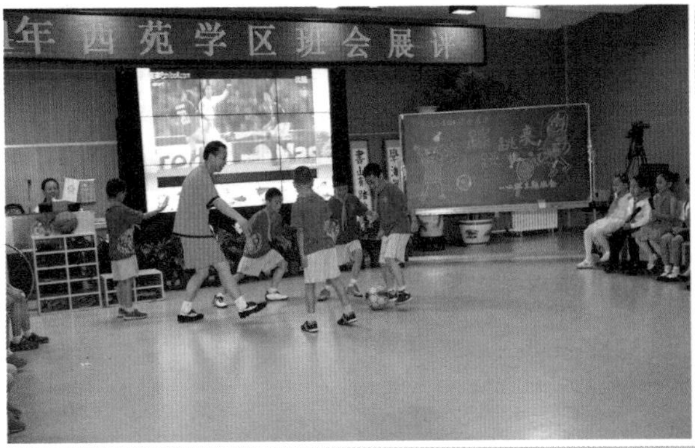


为了激发学生的运动热情，鼓励他们积极参与到晨练微课堂的队伍中，二（2）班召开了“蹦蹦跳跳来运动”的主题班会。谈锻炼的好处，讲锻炼的故事，创系列锻炼活动，愿班里的每一位同学都热爱体育运动，都能茁壮成长！（李　宁）

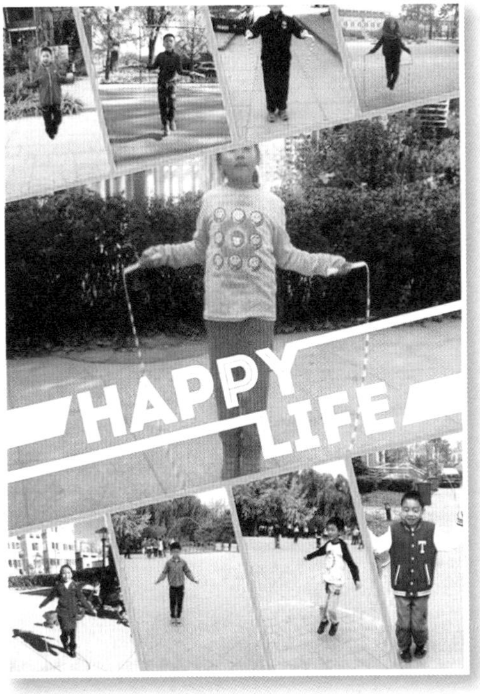


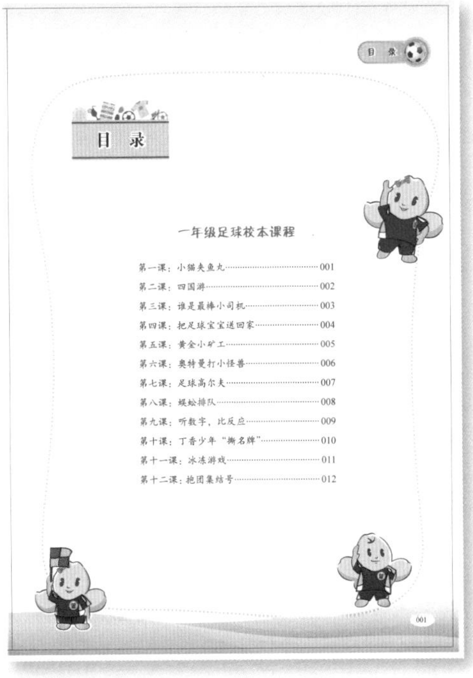

目录

目 录

一年级足球校本课程

第一课：小猫夹鱼丸……001
第二课：四国游……002
第三课：谁是最棒小司机……003
第四课：把足球宝宝送回家……004
第五课：黄金小矿工……005
第六课：奥特曼打小怪兽……006
第七课：足球高尔夫……007
第八课：蜈蚣排队……008
第九课：听数字，比反应……009
第十课：丁香少年“撕名牌”……010
第十一课：冰冻游戏……011
第十二课：抱团集结号……012

001

## 008 假期也要锻炼

假期中老师们也不放松对学生健康的关注，班级开展了体育锻炼微信接龙的活动，要求每名同学将自己锻炼的照片和感受发到微信群中。这一举措，既起到了督促学生锻炼的目的，又促进了师生沟通交流。（申旭兵）

## 009 足球校本教材出炉啦！

为了进一步推动足球运动的发展，让孩子了解足球、热爱足球，我校编写了足球校本教材。除了涉及足球的基础知识、基础技战术等内容之外，教材还特别注重对学生意志品质的培养。（连　洁）

## 010　球员身价榜

　　CBD 校区足球社团刚刚成立，队员们是一群之前没有任何基础，只是单纯喜欢足球这项运动的孩子们。为了更好地激发孩子们的训练兴趣，更好地与世界接轨，老师建立了球员身价榜，每个队员都有一个属于自己的身价。随着训练次数的增多，技术水平的提高，身价也会相应地增长。（李佳宁）

## 011　附小健康代言班

　　你看，这不是二（2）班的同学们在健走吗？每天早上 7 点 35 分，他们都会用健走的方式来锻炼身体，用健康为百年附小代言，为百年附小喝彩。二（2）班老师组织的这一健走活动，成了附小晨练微课堂中一道亮丽的风景。（李　宁）

## 012　我们一起来运动

　　培养健康阳光的清华少年，需要老师的指导、督促，甚至是以身作则、身体力行。而跟孩子们一起来运动，带动学生提高运动热情，锻炼一个强健的体魄，是清华附小的班主任们乐在其中的事情。（李秀玲）

**013**　晨练之星

　　早晨 7:10 开始的晨练微课堂是学生最喜欢的锻炼时间，他们可参与的项目包括足球、篮球、呼啦圈，以及跑步、健走等。积极参与晨练的同学还有机会成为晨练之星哦！（连　洁）

**014**　全校玩起足球操

　　足球也可以全校一起玩起来？答案是可以！ 1800 个学生，同时随着动感的音乐，踩球、拨球、传球、带球。整个马约翰操场都是足球少年运动的身姿。（连　洁）

**015**　体育文化

　　体育，不仅是锻炼身体、强健体魄，更是一种精神和教育。分享体育故事、了解体育规则、交流项目感受，让体育文化走进学生心里。（连　洁）

**016　手指操**

根据低年级学生手部小肌肉群不发达的特点，老师们编排了活泼有趣的手指操，并将学生示范录制成了视频。低年级的课堂中，雾霾天的课间，学生跟着视频开心地做起手指操来。（吕　悦）

**017　排球协会学生训练基地**

"每天体育三个一，健康工作五十年。"随着清华附小将体育作为核心课程，学生的整体体质不断得到提升。海淀区排球协会还将学生训练基地放到了清华附小，学生的自主选修项目中，又多了一项排球。（连　洁）

**018　热闹的校园早晨**

校园的早晨是热闹的。每天清晨 7:10，体育老师就在操场上等候来参加晨练微课堂的"晨鸟儿"们了。学生们听着动听的乐曲来到操场上，体育教师、器材管理小志愿者和小体育指导员开始为大家服务。学生们一同锻炼，有的在跑步，有的在打篮球，有的在跳绳，足球则是参与人数最多的体育项目。（任海江）

019  自创室内操

北京的雾霾天气越来越多，学生不适宜在户外进行运动，那学生每天需要完成的运动该如何进行呢？为此，体育团队创编了校本课程——室内操。每当不适宜户外活动的天气出现，学生的大课间活动就都改为在班内做室内操，同时他们还鼓励每班创编自己的室内操，比如机器人操，就是学生们创编的。（任海江）

020  "我练、我秀"体育秀场

"我练、我秀"体育秀场，给同学提供了展示体育技能的舞台，同学们积极参与，秀出各自的体育绝活，有的踢毽子、有的转呼啦圈、有的原地运球和颠球，不仅增强了体质，也释放了心灵。（任海江）

021  体育自主选修课

每个学生都有自己喜欢的体育自主选修项目，包括足球、轮滑、板球、棒球、篮球、健美操等。在同一时间，学生打破班级限制，根据爱好组成新的班级，体育老师则根据自己的特长执教相应的项目。几年下来，每个清华附小学生至少熟练掌握两至三个运动项目。体育回到了增强体魄的本质，学生在体育锻炼的过程中受到的约束越来越少。（任海江）

## 022 切磋球技

晨练微课堂期间，我经常与学生切磋篮球技巧。有了陪伴，有了沟通交流，队员们不仅球技有了长进，身体更加健康，意志力也大大提高了！我运动，我健康，我阳光！（王建刚）

## 023 体育通A赛

每年丁香花开的季节里，学校都要开展紧张激烈的体育通A赛。实心球、立定跳远、50米、100米、400米……每个项目人人参与，以国家体育标准数据为过关线，过关即可获得A证。班级累计A证数量计入运动会成绩。这种方式一改往年运动会只与一些同学有关的局面，实现了全员锻炼，全员提高。（连　洁）

##  快乐大礼包

运动会前一天，老师为同学们准备了快乐大礼包。想到同学们拿到礼物时开心的样子，老师们再辛苦也心甜。（马全闯）

## 二、好玩儿的体育

**001　足球嘉年华**

学校组织了足球嘉年华趣味运动会，带球接力、全员射门、传球到位等有趣的活动，使学生们更加喜爱足球运动，让他们在游戏中感受到足球带来的乐趣。（白　杰）

**002　跳绳大擂台**

"跳绳大擂台"活动开始了，同学们热情参与，个个打擂。比赛项目有30秒单摇、双摇、一带一、一带二、花样甩绳等。在为集体争光信念的激励下，同学们你追我赶，积极拼搏，充分体现了班级的凝聚力。（董建峰）

**003　奔跑吧，冰球小子！**

北京市中小学生校际冰球联赛准时开战，清华附小冰球队首次参加竞技组的比赛。比赛过程中，老师对孩子进行适时的战术指导，并为孩子加油打气，注重培养孩子坚持到底、不放弃、顽强拼搏的精神。最终，"紫色旋风"清华附小队夺得了季军！清华附小冰球队的座右铭是：宁可输在球上，绝不输在精神上！（何宇畅）

**004** 小小毽子飞起来

小小鸡毛毽，本领不简单，翻飞如蝶舞，健身好伙伴。踢毽子受场地限制小，而且对培养同学们的手眼协调能力和灵活性有很好的作用。马约翰操场上，经常能看到同学们在老师的组织带领下把鸡毛毽踢得上下翻飞。（连 洁）

**005** 老师也来比跳绳

为了增强校园的运动锻炼氛围，带动同学们积极参与锻炼，也为了响应"为祖国健康工作五十年"的号召，老师们也积极参与到体育锻炼中。其中一项就是比一比哪位老师是跳绳高手。他们跳绳的个数也会计算到班级团体总分中去哦。（连 洁）

**006** "男篮教主"闵鹿蕾来啦！

应附小老师的热情邀请，带领北京首钢队在客场赢得CBA总冠军的闵鹿蕾教练现身清华附小，与附小篮球队的同学们进行了交流。他勉励同学们要像球队队员苦练基本功那样养成良好的学习习惯，在课余时间可以多多参加体育锻炼，增强身体素质！（连 洁）

## 007　排球奥运冠军进班级

　　6月23日是国际奥林匹克日，附小邀请2004年奥运会女排冠军宋妮娜进入班级，与同学们畅谈体育精神、成长历程。同学们纷纷向宋姐姐提问，学习了排球的基本动作，了解了"更快、更高、更强"的奥林匹克精神，并一起为北京申冬奥加油！（连　洁）

## 008　团队游戏

　　通过不同内容和形式的团队性游戏，如齐眉棍、履带战车、众志成城等，可以较好地激发和调动学生的集体荣誉感，使其明白个人服从集体的道理。（赵卫新）

## 009　羽毛球友谊赛

　　清华附小举办了"林海杯"羽毛球友谊赛。此次比赛旨在丰富我校学生的课余体育文化生活，活跃校园气氛，增强学生体质；同时，推动羽毛球运动在我校的发展，提高我校学生的羽毛球技术水平。（连　洁）

学校组织各班级进行拔河比赛。为了取得胜利，孩子们全力以赴。孩子们一边喊着口号，一边全力向后拽绳子，他们拧成一股绳，为了同一个目标拼搏。大家的心齐了，团结了，这才是最大的收获。（齐章飞）

这是孩子们正在进行"武术X课程"训练的情景。每个孩子都全神贯注，非常认真。武术是中华文化的瑰宝，组织孩子们参与武术训练，既能锻炼学生的意志品质，又能弘扬民族体育传统。（齐章飞）

在教练的带领下，中国国家男子足球队的队员们访问清华附小，与同学们共同参加了升旗仪式，与少先队员一起迎新年。国足队员们与我校足球队进行了一场友谊赛，赛后同学们高喊"加油"，祝福国足。（连 洁）

013 附小"世界杯"开幕式

2014 年，为迎接即将到来的第 20 届世界杯足球比赛，清华附小"世界杯"盛大开幕，由各个班级组成的"世界杯"参赛队伍——亮相。（任海江）

014 "马约翰杯"足球联赛

学校已经连续三年举办"马约翰杯"足球联赛。全校 42 个班级，84 支球队，男生女生齐上阵，800 多人上场，历经 94 场比赛，产生了 12 个冠军班级，12 名最佳射手。（任海江）

015 精彩运动会

学校召开了"为亚运健儿助力 迎附小百年庆典"暨第三届秋季竞技运动会。在活动中，老师和孩子们一起走方阵，一起为选手呐喊助威，一起欢呼雀跃！全校师生一起为迎接附小的百年华诞献礼。（苏晓艳）

**016　高尔夫球，我爱你**

　　每周二体育自主选修课，总有一些学生在老师的组织带领下，戴着高尔夫球帽，乘上汽车，前往正规高尔夫训练场练习。看，孩子们练得有模有样。（吴军潮）

**017　跳房子**

　　跳房子，一定能激起您儿时美好的回忆：先把沙包扔到指定的地点，然后蹦蹦跳跳、飞檐走壁、穿房越脊，把沙包拾回来便大功告成。清华附小的操场上、教室外有许多格子，课间就能看到孩子们欢快地跳房子的身影。（唐小莉）

**018　整合运动会精彩无限**

　　整合运动会开始啦，家长师生齐挑战。他们抬球赛跑还抢答数学题，他们手滚六个球前进还说英语，他们来个足球大拼盘——踢抛顶大整合，他们万丈豪情登岛还集体吟诵诗歌。这样的运动会太好玩啦。（吴军潮）

## 019 趣味操

如何让课间操更有趣呢？老师发挥所长，创编了一套套适合学生年龄段的趣味操。有富有清华底蕴的《校园集体舞》，有拥有国际视野的《YMCA》，有传递善良品质的《帮助歌》，有附小独创的《三张名片歌》。有了这些深受孩子喜爱的趣味操，孩子们更爱做操啦！

（张　忱）

## 020 国安球员来上课

为了开阔学生们的视野，学校与国安俱乐部合作，请他们指导全校的足球计划。见到了自己崇拜的球星、教练，孩子们踢足球的兴趣更浓了，劲头更足了。

（张志刚）

## 021 擂主争霸

擂主争霸赛是落实《国家学生体质健康标准》，促进学生健康成长的一项重要手段。学生在这项活动中敢于挑战、努力拼搏，形成了自主锻炼的良好习惯，提高了运动技能。

（赵卫新）

## 三、你好，十分钟

**001** 手指足球

足球比赛不只可以用脚，手指足球让孩子们的小手指也动了起来：足球联赛的热烈让同学们意犹未尽，于是，我们又开始了同样热烈的手指足球。小组合作完成球场、球门、球员和小足球等道具，不同小组间的手指足球比赛开始了！手指足球让同学们体会到合作的乐趣，小手的小肌肉群也在手指的"奔跑"中得到了锻炼。现在比分1∶0，你要支持哪一队呢？哈哈……（李　秀）

**002** 午休的快乐

学校为同学们提供了多种多样的锻炼器材。三（1）班班主任在午休期间，常常带着同学们来到操场上，摆弄器材、放风筝、自由做运动，尽情体验运动带来的快乐。孩子们要把身体练得棒棒的，成为健康、阳光的清华少年。（李春红）

**003** 班级门口的信息屏

　　每到下课的时候，班级门口都会聚集很多学生，仔细一看，他们的小手指在一个屏幕上划来划去，他们时而发出阵阵笑声，时而惊呼。原来他们看到自己的照片和视频出现在了屏幕上。班级门口的信息屏，把整个班级文化以电子多媒体的方式呈现出来，同学们可以自己掌控这个"小天地、大课堂"。（崔　占）

**004** 漫步校园

　　走进了附小，总有走进了公园的感觉。因为这里花多、树多、景多。课间到了，老师鼓励同学们结伴漫步校园，看看树，看看花，既休息了紧张的大脑，又欣赏了美景，一举两得。（连　洁）

**005** 立定跳远标记

　　体育老师把男女生立定跳远要达到的不同标准，画在了教学楼前的地面上。课间同学们就可以到这里来跳一跳，每天跳几下，刷新自己的跳远纪录。（连　洁）

　　桐荫乐园是学校为孩子提供的娱乐玩耍的地方，小沙坑是其中最吸引孩子的场所。沙子有流动性，当抓起一把沙时，指缝中沙粒的流动会给儿童一种特殊的感受。孩子在玩沙游戏中，通过自己的尝试和探索获得快乐，这项游戏能激发孩子的想象力和创造力。（李　杨）

007　传统的课间游戏

　　为了让小朋友的课间生活丰富多彩，既富有趣味，又有益健康，老师结合学生的年龄段特点，组织他们玩踢包、编花篮、老鹰捉小鸡、翻绳等游戏。传统的儿童游戏让小朋友们乐在其中，有益身心健康。（苗育春）

008　数学老师也来当足球教练

　　足球联赛就要开始了，数学老师利用课间当起了足球教练。他对足球小将们进行一对一技术指导，和小队员们进行战术讨论。附小的学生爱足球，老师们更爱足球。（连　洁）

**009** 课间游戏创新

学校把课间十分钟也作为一种课程进行开发，引导学生讨论什么是有意义的游戏。于是，手指足球、区字棋、猜谜语、拍手等让学生兴趣盎然的游戏不断出现，学生们还自主研发了许多新游戏。（王杰红）

课间十分钟

| 望远 | 欣赏作品 | 翻绳 |
| 看书 | 拔根 | 摸包 |
| 聊天 | 手指足球 | 掰手腕 |
| 画画 | 石头、剪刀、布 | 拍手 |
| 下棋 | 猜谜语 | …… |

**010** 学生和老师一带一

"你们知道吗，老师跳了145下。""太厉害了！太厉害了！"同学们你一言我一语。"我们一起双人跳吧！"一位学生提出请求，老师欣然答应。跳绳有点儿短，为了和他尽可能多跳几下，老师弯下腰，努力跳得高一点，虽然有点儿吃力，但玩得很开心！期待每天的健身大课间！（王 婧）

**011** 下课四件事

在一（4）班，每节课下课时都有一名流动小班长起来对大家说："下课四件事。"同学们一起回应"放、喝、去、玩"后开始行动：摆放学习用具、喝水、去洗手间、做游戏。低年级的课间就这样健康、有序地进行着。（王 露）

　　为了让体育锻炼更有趣、更有实效，体育教师们对锻炼器材进行了设计与创新。比如，他们不但设计和制作了软梯，还创新出了多种玩法，丰富了学生的课间生活。下课了，软梯玩起来！（赵卫新）

013　开心的课间十分钟

　　课间十分钟，孩子是最开心快乐的。老师为他们准备了各种各样的玩具，有的跳绳，有的玩平衡木，有的三五成群地下棋，还有的就地打个滚，一节课的疲劳就此消失了。（尹红丹）

**014** 棋类挑战赛

　　老师为六年级的学生们带来了许许多多的棋：象棋，跳棋，军旗……来来来，课间棋类挑战赛开始了！这也是我们的"X 课程"呢！（王秀平）

**015** 跳大绳

　　看似简单的课间活动，一年级老师几乎每一个课间都要带着学生一起玩。坚持、关爱、陪伴，才有感情。（张雪峰）

**016** 绘本墙下小憩

　　下课了，同学们纷纷来到贴满英文故事的绘本墙前，聚精会神地阅读墙上有趣的故事。英语老师们将经典绘本做成精美的卡片贴到楼梯、走廊的墙面上，让同学们在绘本的滋润下休闲小憩。（赵若冰）

## 四、安全的健身房

**001　打不倒的拳击柱**

　　同学们有爱动的天性，释放身体中的小能量，需要合理、安全的方式。在学校的操场上，每座教学楼前，矗立着几根"拳击柱"，小小的他们，课间就会击打几下，比比谁的力气大，笑声阵阵飞扬。这既能锻炼身体，又能缓解压力。（崔　占）

**002　轮滑装备有家了**

　　标准的轮滑场上，每天都活跃着清华附小轮滑队的身影。看，专门定做的轮滑用具摆放架上，多壮观。轮滑装备有家了，不用把笨重的轮滑包背来背去，同学们学习轮滑的兴趣更浓了。（安　华）

**003　标准的足球场**

　　学校为学生建设了标准的足球场地，提升了孩子们对足球的兴趣。奔跑吧，足球少年！（崔　占）

**004** 攀爬网

　　攀爬，是孩子们十分喜欢的一种运动方式。学校为孩子们安装了趣味性十足的攀爬网。攀爬运动，不仅可以激发孩子们的好奇心和探索精神，还可以增强孩子们的自信心、韧性等心理素质。（郭洪娟）

**005** 攀爬树

　　多可爱的攀爬树！孩子在攀爬时，会有视觉上的新体验，有助于其培养空间概念和从新的角度去观察环境。攀爬能训练动作技能，有助于孩子身体的全面发展，因为攀爬时需要手、脚、眼等各部分的协调配合。（郭洪娟）

**006** 攀岩墙

　　根据现在学生上肢力量缺乏的特点，学校在教学楼旁边，设计安装了多处攀岩墙，并把攀岩作为一年级学生的必修课程，要求每个孩子都要学会攀岩，掌握攀岩技巧。（任海江）

007 **雨伞的家**

　　滴答、滴答……外面下大雨，屋里下小雨。哦，这不是房屋漏雨，而是雨伞上的雨滴在掉落。哎呀，地面都湿了。雨伞的家来帮你忙！每个班级门前的两个小房子，色彩斑斓，都是给雨伞准备的呢！这样，班里再也不会下小雨了，学生们可以安心学习了，也不用担心滑倒了！（贺　洁）

008 **竹林小憩**

　　一把大绿伞，一片斜竹，一圈小凳子，一座结构方程式 A 的雕塑，一条弯弯的小路……换来一地的清幽。有了这样一个好去处，课余时间同学们便可以结三五好友，或闲聊，或做游戏，偷来片刻神游……（贺　洁）

009 **小衣架**

　　冬天来了，室外室内冷热交替，学生进出教室需要脱穿衣，而脱下来的衣服没有地方放。为此，班里设置了小衣架，学生进了教室就可以把衣服脱了挂起来。看，学生自己整理衣服多认真啊！这一举措，还有助于学生养成良好的生活习惯——自己穿衣脱衣。（郭启蒙）

随着秋冬季节的到来，温度越来越低，学校后勤部为让孩子们吃上热乎乎的饭菜，为各班配备了食品保温箱。（焦玉萍）

在清华附小的小角落里，我们放上体重计，以让孩子们能够随时知道自己的体重，简单了解自己的健康状况。（焦玉萍）

012 爱在细节：班级空气净化器

学校为每个班级都配备了空气净化器。有了这台空气净化器，在日益增多的雾霾天气里，我们就再也不用担心空气污染对在教室内学习的孩子们的危害了，它可以有效净化教室内的空气，时刻呵护着孩子们的身心健康！（凌勇涛）

013　足球王国

　　清华附小真是个足球王国。学校为每一名同学配备一个足球，这些足球就存放在马约翰操场边的雕塑下。体育器材放在离孩子们最近的地方，体现了附小儿童站在学校正中央的理念。（连　洁）

014　桐荫乐园

　　桐荫乐园是同学最喜欢的地方，因为这里有各种健身器材。阳光从梧桐树的枝叶间透射出来，这里有亮丽的风景，更有同学们灿烂的笑脸、响亮的笑声。（连　洁）

**015** 储物也是学问

　　每个班级中，都有颜色统一、样式统一、布局合理的班级储物格。学校为每个班级都配备了整洁美观的储物格，同学们可以将本班的足球、篮球、相框等整齐地摆放其中，这既合理利用了班级角落的空间，又整齐划一、美观大方！（凌勇涛）

**016** 暖身暖心

　　在寒冷的冬天里，为了保证教室内温度适宜，尤其是为保证每间教室前后门附近的同学不被冬天从门缝里吹进来的寒风吹到，学校给每间教室的前后门都安装了保暖门帘。有了这层保暖门帘，同学们都感到教室里暖乎乎的。（凌勇涛）

**017** 送一缕清凉

　　每个班级都安装了壁挂空调。有空调调节室内温度，同学们在烈日炎炎的夏天就可以凉爽、安静地在教室内上课学习了。（凌勇涛）

**爱心拐杖**

活泼好动是孩子们的天性，崴脚受伤状况偶尔也会发生。当有孩子的脚受伤，行动不便的时候，学校会提供爱心拐杖，减轻孩子的伤痛，使其感受到关心与温暖。（罗　侠）

019 **视力训练**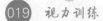

你的眼睛累了？做一下放松操吧。视力训练图就在班级的前方，课间的时候要抓紧时间放松啊，别的小朋友还等着呢！（吴　超）

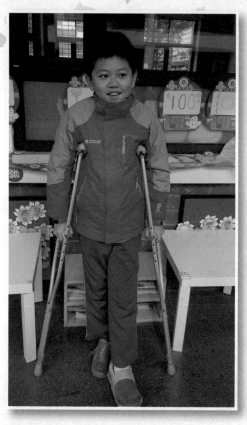

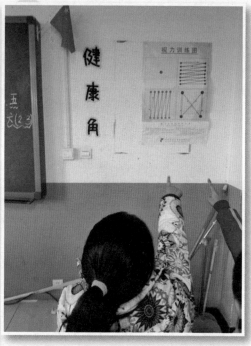

020 **秋千·童年**

在如画的校园中，点缀着几个秋千，就像校园中的精灵一样。孩子在上面荡漾、欢笑，享受童年带给他们的乐趣。（代养兵）

## 021　扩建篮球场

篮球场是学校特意为学生准备的运动场地。打篮球不仅可以促进新陈代谢、增强体质、愉悦身心，尤其是心情不好的时候打打篮球能使烦恼发泄掉，还可以锻炼人的心志，使人获得一种乐观积极的心态。（杨小青）

## 022　乒乓球场

学校为同学们购置了标准的乒乓球台，这成为学生业余时间运动健身的一个好去处。参加乒乓球运动，学生可以相互交流经验、切磋球技，达到相互学习、共同提高、建立良好的人际关系、培养团结意识的目的。（杨小青）

## 023　与时间赛跑

不知不觉，修远楼上的钟表已经走过了快两年的岁月了。每天，它默默守候，提醒大家要珍惜时间。（贺　洁）

**024** 宝贝急救箱

　　在孩子们出现意外时，学校提供的急救箱使救助更加便利、有效。急救箱虽然用的机会少，却一直默默地守护着孩子们，时刻为他们的生命健康保驾护航。（罗　侠）

**025** 健康洗手液

　　为了既鼓励学生积极参与到各项活动中，又保证其健康，老师为学生购买了免洗消毒洗手液。每次做眼保健操和吃加餐之前，他们都可以快速地进行手部的消毒，既节约了时间，又保证了健康。（张　晖）

**026** 康复床

　　当孩子身体不适的时候，温馨舒适的康复床让孩子们得到很多安慰，体会到家的感觉。（罗　侠）

# 五、为健康保驾护航

**001** 测血压监控健康状况

根据每年的大体检数据，给血压高的学生定期测量血压，并做好登记，告知同学要适当控制体重，健康饮食，争取将血压控制在正常范围。（焦玉萍）

**002** 健康体检

儿童是祖国的未来，学校每年组织孩子进行健康体检，做好孩子成长过程中的维护者，为祖国的花朵打好基础。（罗　侠）

**003** 校园消毒

学校为保障学生的身体健康，在医务室指导下每周末在校内实施全面消毒，在传染病高发及流行季节，会加大消毒力度，积极做好预防。这样就大大降低了传染病的发病率，为学生提供了良好的学习环境。（焦玉萍）

## 004 校园平安系统

清华附小的学生都会有一张特殊的卡片，就是校园平安卡，当学生进出学校的大门的时候，家长的手机就会收到短信通知，家长得以随时了解学生进出学校的情况。（崔　占）

## 005 每周菜谱

为了确保学生的用餐安全，清华附小与家委会成员会定期到营养餐公司进行考察，并在校园网上及时公布每周的菜谱。（郭鸣剑）

第四十七周（**11.17-11.21**）学生加餐及午餐食谱

2014-11-17 15:10 ｜ 编辑 李博 ｜ 分类 校园公告

| 时间 | 餐名 | 食物名称 | 营养含量分析（克） |
| --- | --- | --- | --- |
| 星期一 | 加餐 | 扭酥，酱奶 | |
| （每份） | 午餐 | 米饭、玉米窝头 | 粳米100，玉米粉25 |
| | | 香菇烩双丸 | 香菇50，丸子100 |
| | | 香甜玉米涩 | 玉米涩150 |
| | | 醋溜白菜 | 白菜150 |

## 006 学生来设计菜单

为了使营养餐更符合学生的口味，老师带领学生广泛征集大家对营养餐的意见和建议，并请学生设计菜单，为送餐公司提供参考。（王　焱）

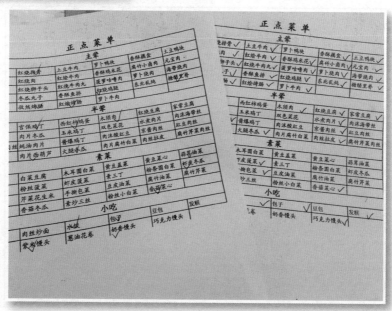

**007** 小小网报保健康

每一天，学校会根据天气情况决定学生是否可进行户外活动。后勤服务部门早晨来校后第一件事就是关注天气预报，如遇特殊天气会通过学校短信平台告知学校的相关部门。当空气质量较差的时候，学校就会让学生在室内活动，为学生的身体健康保驾护航。（焦玉萍）

**008** 安检卫士

对于这扇门，清华附小的每一位师生都再熟悉不过了。与其说这是一扇门，不如说它是一位忠诚的卫士，终日守候在这里：随着太阳的朝升夕落，每天迎来送往，守卫着师生的安全。它庄严地提醒着每一位附小人，要注重安全和秩序。这两样是保证学校生活井然有序的重要前提。（李群生）

**009** 健康加餐

孩子正处在长身体的阶段，为了增强孩子的营养，学校会在课间给孩子们加餐，有牛奶、酸奶、蛋糕、饼干……为确保每一个孩子都能及时拿到加餐，学校会提前准备好加餐，并确保数量和品质，然后组织学生有序取食。（李宝仓）

## 010 校园"美容师"

他们是附小校园最棒的美容师，是他们第一个叫醒校园。校园的每个角落里都留下了他们辛勤的足迹，洒有他们辛劳的汗水。一次次活动，一场场讲座，是他们提供了保障。明亮的玻璃，干净的地面，整洁的会场，都是他们带给我们师生的礼物。（李群生）

## 011 体育课安全教育

做好安全常识教育，才能上好教育课。清华附小的体育老师们，时刻提醒学生遵守活动秩序，牢记安全常识，避免发生安全事故，使体育课程真正呈现"有趣、出汗、安全、技能"的八字样态。（张玉国）

## 012 健康水吧

为了解决同学们不爱喝水的问题，二（7）班建立了健康水吧。老师给同学们准备了金银花、杭菊花、水果茶等很多冲泡物。同学们尝试着各种颜色各种味道的水，大家都爱上了喝水。（吕 悦）

**013** 校门口的风景

　　清华附小的保安训练有素，对每一位来访者，都认真做好登记，保障着附小的安全；保安亦谦和有礼，每天的互相问候成了附小一道亮丽的风景线。每一位来过清华附小的客人，都会对附小的鞠躬礼留下深刻的印象。（李群生）

**014** 防暑降温

　　酷热的六月，当孩子们在骄阳下进行活动时，炙热的阳光烤得幼小的花朵脱了水，这时校医送来防暑药及生命水，使花儿又恢复了生机。（罗　侠）

**015** 询问用餐情况

　　每天的加餐、午餐时段，老师都会出现在学生中间，及时了解学生食用营养餐的情况，听取意见，及时调整。（王　焱）

016 传染病预防接种

提起传染性疾病，人们就会毛孔发紧。为了保证孩子们免受传染性疾病的侵袭，学校每年都为孩子们进行预防接种。（罗　侠）

017 雪后的温暖

北京的冬天，每当降雪了，清晨的校园都会多一道别样的风景：为了保障学生的安全，老师们自发组成一支强大的扫雪队伍，及时清扫校园里的积雪，有效地避免了学生滑倒、摔伤等现象的发生。（连　洁）

## 阳光心态

## 一、我们在成长

### 001 家务接龙

"入则孝，出则悌。"生活学习自主自理，未来才能自律并对自己负责。一（2）班每个孩子在家里都有自己的小任务、小责任，承担家务才能真正体会父母的付出，才能知恩感恩。为了鼓励大家做家务的热情，老师让孩子们做了家务后在群里接龙，并指定家长代表进行整理汇总。（郭启蒙）

### 002 生活就是舞台

我们班将每周末自发组织的户外徒步运动中体现自律自强精神的片段搬上舞台，以短剧的形式再现同学们遇到困难时、集体行动时的自律自强。（黄　静）

### 003 三字口诀歌

三字口诀歌，朗朗上口，易唱好听，同学们总是踩着铃声，唱着三字歌进入教室，开始学习。词曲均由清华附小老师创作。（安　华）

**004** 安静有序的午餐

为从小培养孩子们的自理能力，我们班从学会盛饭和打饭抓起。值日生学会摆放盛饭工具，注意盛饭时的干净卫生；打饭的同学学会安静地打饭，自创打饭手势以保证教室的安静，并学会适量取餐，珍惜粮食。如今，同学们自己管理午餐秩序，吃饭过程井然有序。（贾偲偲）

**005** 我光盘我光荣

附小关注低年级学生的习惯养成，在各个细节中都注重对学生良好习惯的培养。二（2）班每周都会评选"光盘明星"，并将小明星的照片发到家长群中，当作最高的奖励。在这种氛围中，二（2）班的学生人人争当"光盘明星"，爱惜粮食的好品质逐渐养成。万丈高楼平地起，教育由多数细节构成，抓住细节，也就抓住了教育的内核！（李　宁）

**006** 诚信银行

播种一种行为，收获一种习惯；播种一种习惯，收获一种品格；播种一种品格，收获一种命运。基于中年级学生的特点，老师组织了"诚信银行"活动，让学生将自己诚实守信的事写在小纸条上，投入"银行"中，一个学期下来，比一比谁是诚信小富翁。（连　洁）

学校号召开展"我是榜样，我为附小代言"百年系列之百天坚持好习惯活动，鼓励每一个学生自己制定一个目标，坚持百天。通过努力，每一个学生可以成为自己的榜样，也可以在某一个方面成为大家的榜样。（连　洁）

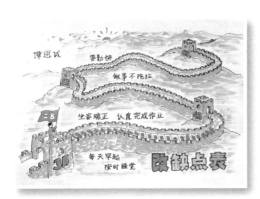

这项活动有意思！孩子和爸爸妈妈签署一份特殊的合约，约定在一个月的时间内，互相监督，各自改掉一项缺点。在共同改缺点的过程中，孩子和父母一起克服困难，相互鼓励，完成目标。（连　洁）

在中段部的知行楼前，王玲湘老师和小雨姐姐共同为知行楼前的玉兰树挂牌，各班学生代表将自己班级的诚信宣言卡悬挂到树上。这棵挺拔茂盛的玉兰树成为中段部知行课程的见证者。窦校长鼓励三、四年级的学生从自己做起，从身边做起，从点滴小事做起，锻炼自己，成为诚实守信、自律自强的清华少年。（连　洁）

## 010　诚信墙

晨练微课堂初期，在借还器材的高峰期队伍能排十几米远。经过商量，体育团队推出了"诚信墙"，利用护照借还器材。学生只要拿着护照来到诚信器材室前，把护照交给志愿者就可以领取到自己所需的器材。锻炼后，把器材交还取回护照就可以了。（任海江）

## 011　做时间的小主人

我们班的时间墙，让孩子们了解到学校的作息时间，明白了什么时间该做什么。渐渐地，他们不需要老师的提醒，上课、上操、加餐、午餐，他们都能自觉地遵守规定，"什么时间做什么事，做什么事就要做好它"。大家都认识了钟表，会管理和利用时间，都是时间的小主人。（盛　婕）

## 012　诚信树

为营造诚实守信的班级文化，关注学生的点滴成长，给学生的身心健康搭桥铺路，我们班将诚信小明星的照片贴在诚信树上。诚信树，既鼓励诚信小明星们再接再厉，又为其他小朋友树立了榜样，激励他们积极上进，争做诚信小明星。（申旭兵）

013 诚信柱画

诚实守信，自律自强。伴随整个三年级的主题旋律，在每天都能看到的墙柱上，也在老师的画笔下。（文炎钊）

015 小豆包也会打扫卫生

良好的学习环境是大家共同营造的。清华附小昌平学校一年级的同学们，在老师的耐心帮助和引导下，入学没多久就已经能够每天吃完午饭自觉地打扫卫生。瞧，小男孩打扫得多认真。要做一名合格的清华少年，要从点滴小事做起。（袁喜超）

014 "自律墙"

四（2）班有一面"自律墙"。班主任老师和同学们说："这面墙能督促我们自己管理好自己！"我在哪里？这一指向内心的问题引导学生发现自己所处的阶段，从而引导学生从"他律"走向"自律"。（薛　晨）

**016** 整齐叠好的衣服

在老师的引导下，同学们早上到校或大课间运动后，脱掉外套时都会很认真地叠好摆整齐，他们现在已经养成了习惯。（袁喜超）

**017** 在规则里尽情玩耍

俗话说"不以规矩，不成方圆"，对于孩子来说，引导他们学会守规矩是教育中很基础的内容，也是很重要的内容。老师经常和孩子们说："在规则里尽情玩耍。"遵守规则后才能更痛快地玩耍。（张家龙）

**018** 自律自强的"小宇宙"

结合四年级自律自强的主题课程与宇宙探索系列双语阅读课程，我们班开辟了"闪亮之星 in 自立自强的宇宙"的展板，寓意每个学生都是宇宙中的一颗星，都是独特的个体。而每面小旗代表一颗星，在上面的印章或贴纸纪录"星星"们每一次自律自强的努力历程。（张　晖）

## 二、我最独特

### 001  品读《变色龙卡罗》

我带领同学们一起品读了《变色龙卡罗》，它讲述了一只名叫卡罗的变色龙的故事。每个动物都有自己的颜色，都有自己的生活方式，小卡罗明白了这个道理，又自由自在地生活了。每个小动物都有自己的特点，我们每个人也一样。通过品读故事，同学们明白了没必要羡慕别人，要正确认识自己与众不同之处，快快乐乐地生活！（董建峰）

### 002  三张名片

附小的三张名片是微笑、感谢、赞美！附小的老师们致力于让微笑成为孩子们永远的表情，让感谢成为孩子们永远的口头禅，让赞美成为孩子们永远的习惯。拥有这三张名片的孩子最美！（安　华）

### 003  我的未来不是梦

课上，老师由吉尼斯纪录引入，讲的全是孩子们感兴趣的话题，比如魔方、3D自行车等。孩子们都爱玩，但创造地玩，玩出花样，才算是真的会玩；梦想不分大小，重要的是如何实现。一系列传递梦想的活动设计，让同学们知道每个人都是独特的，每个人都有自己的优势，要让十岁的天空充满希望的色彩。

004 拥抱美丽

老师请来中国首席名模康俊龙老师与同学们交流，引导孩子们发现自身的优点，多些自信，多点勇气，多份微笑。（韩　冬）

005 向学生拜师学艺

在四（1）班，有这样一项有意思的活动：老师向学生拜师学艺！老师拜过桥牌师父、足球师父、电脑技术师父等等，只要你有一技之长，都有机会让老师拜你为师。（韩　冬）

006 给我一个机会，还你无限精彩

一个十分文静的女孩，在足球联赛前走到老师面前，问能不能试着组建一支啦啦队，为班级球队助威。老师马上意识到这是个绝佳的教育契机，于是先肯定地回答学生当然可以，又给家长打去电话，希望家长也能支持孩子这次勇敢的举动。足球联赛上，小姑娘领着自己的啦啦队闪亮登场了。每一个孩子都可以成为最闪亮的星。（黄　静）

## 007　每一个都重要

在附小里，学生站在学校的正中央；在班级中，每一个人都是不可或缺的。趣味运动会时，我们班代表墨西哥队，在宣传画——象征墨西哥的大玉米上，每一个学生都面带微笑地印上自己的小指纹。百年附小，有你有我！

（李　秀）

## 008　漫画班级星

班级里有这样一项有趣的活动——漫画班级星。班级中发生的好人好事，都会被爱好绘画的同学用漫画的形式记录下来，包括助人为乐星、拾金不昧星、热爱阅读星等。每个人都是一颗闪亮的星。（连　洁）

## 009　心有榜样

为培育和践行社会主义核心价值观，响应习近平总书记向广大青少年提出的"心有榜样"的要求，树立身边的榜样，激励每一个学生做最好的自己，清华附小投票评选出了十大卓越学生、百名榜样学生、千项专项之星。学生通过寻找身边的榜样，获得成长路上的路标。

（连　洁）

## 010 T台秀

新年联欢会上，老师鼓励同学们穿上自己最漂亮的服装进行一次全班T台秀。起初很多同学不敢尝试，但在老师的反复鼓励下，全班同学都走上了T台，男孩帅气，女孩漂亮。在一阵又一阵的热烈掌声中，同学们知道了自己真的很棒。（连　洁）

## 011 了解独特的我

老师和同学们一起读绘本《人》，并把绘本内容搬上戏剧的舞台。老师引导同学们知道虽然地球上有这么多人，但是，却没有哪两个人长得一模一样。每个人都跟别人不同，每个人都是独一无二的个体。正因为每个人都是独一无二的，世界才能如此精彩！（张　晶）

## 012 秀出最美的自己

开学第一天，拍下自己的第一张笑脸，绘出最独特的自己。学生用一天天的努力展现一种向上的状态，就像太阳花一样。老师用心记下这一段段的美好，欣赏着每一个独特的生命，送上最美好的祝福。（卫京晶）

### 013 自我超越卡

为了帮助同学们养成好习惯，我设计了"自我超越卡"。卡片的正面有每个同学努力的总体目标：健康、阳光、乐学。背面是学生们在家长指导下确立的努力方向。两周之后，如果同学们养成了这方面的好习惯，就可以把卡片拿回家，卡片本身就是一个奖状。（王娜娜）

### 014 做最好的自己

附小的老师赏识每一个学生，公正客观地评价他们的优势和不足，为他们指明努力的方向，鼓励他们做最好的自己。（吴雪莲）

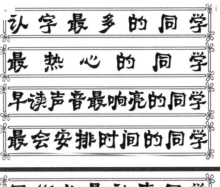

认字最多的同学

最热心的同学

早读声音最响亮的同学

最会安排时间的同学

写作业最认真同学

课桌卫生进步最大的同学

数学课发言最积极的同学

最受欢迎的女生

### 015 班级之最

清华附小从理念到课程，从教学到师生相处，都在提倡和践行"儿童站在正中央"。一年级"班级之最"的评价方式就是很好的体现，每个孩子都成为班级独特的一部分，成为"班级之最"。根据"多元智能"理论，每个孩子有不同的优势领域，有不同的特点和闪光点，多一把尺子评价孩子，孩子会多还给我们一份惊喜。（朱丽玲）

　　每个同学都是独特的，每个人只有充分尊重自己，才能获得快乐。为此，我特意开辟了班级一角，把同学们独特的作品展示出来，使同学们渐渐明白：做自己最快乐。（王娜娜）

## 三、三张名片的故事

**001**　小密探信箱

四（1）班有一个"小密探信箱"。在每天放学之前，孩子们总会把当天看到的好人好事，用文字记录下来，用心传递他们眼中的真、善、美。无论是创造美的同学，还是发现美的同学，内心都是暖暖的。因为帮助他人是幸福的，发现别人的美、向他人学习是快乐的。（韩 冬）

**002**　微笑传递正能量

同学之间，师生之间，微笑是一个有效的沟通途径。遇事正思维、传递正能量，从微笑做起。（韩 策）

走进六（6）班，你会看到教室的墙壁上，悬挂着每一位学生的靓影。开学初，班里就请每一位同学，选择自己最喜欢的一张照片装在精美的相框里，悬挂在教室的后面墙壁上，相互交流为什么选择这张照片。于是每一张照片也就是一个精彩的故事，充分展示了孩子们健康、阳光、乐学的一面。（陈　军）

### 004　三张名片墙

"微笑、感谢、赞美"是清华附小的三张名片，为了让每一个进到学校的同学感受到，书法老师带领同学们自己动手书写并制作了"三张名片墙"，形式新颖，色彩亮丽。比如他们在电梯内布置了"微笑墙"，你看到时，嘴角会不由自主地出现笑容，这就是感染的力量哦！（段娜娜）

### 005　迎接同学们的到来

每个清晨，教师们都会在校门口，用附小的三张名片——微笑、鞠躬礼、大拇指，来迎接每一位学生的到来。（郭鸣剑）

**006** 班级感恩日

在三（1）班每周一天的感恩日中，同学们会自制感恩卡，送给帮助过自己的老师和同学。种下一颗感恩的种子，培养健康、阳光的清华少年。（李春虹）

**007** 寻找班级最美笑脸

"微笑、感谢、赞美"是学校的三张名片。二（5）班开展了"寻找班级最美笑脸"活动。课余时间，孩子纷纷用一双灵巧的小手，制作出一张张美丽的笑脸。瞧一瞧，哪张笑脸最美丽？（李晓英）

**008** 送给他们的第一张照片

这幅图一直挂在二（2）班的墙壁上。开学的第一天，陈祖晴同学到校较早。看到丁昊泠进门的刹那，她立刻站起来，走到他的课桌前，如"大力士"般从桌上搬下椅子。昊泠一句"谢谢"后，两个人相视而笑。这幅图景，成为二（2）班的一张经典照片。这一天在班里发生了这样美好的事情，老师有义务记录下来。因为从小让孩子带上善根，比什么都重要。（李　宁）

微信是校园宣传的窗口，作为一名传播者，我的主要职责就是将孩子们多姿多彩的校园生活真实地还原并介绍给大家：与名家对话、赴他国演出、和大腕儿过招……我们的精彩还有许多，共同期待吧！（贺　洁）

010　你"梦想成真"了吗？

一（8）班有一个"梦想成真"宝箱，学生会往里面放入自己的心愿，在某方面表现出色的学生将在宝箱里抽签，让自己或别人的梦想成真！"想得到窦校长的一个拥抱""想站在队伍的最前面""想为大家读一个故事"……这些美好的小心愿就这样梦想成真了！（沈　美）

011　健康、阳光、乐学的清华少年

清华附小学生呈现的"样态"是健康、阳光、乐学，这也是清华附小的育人目标。每月一次的"健康之星""儒雅男孩""阳光女孩"的评选，给学生树立身边的榜样，促其追赶与超越，取得更大的进步。（尹红丹）

012　最美鞠躬礼

鞠躬礼让孩子们看起来更美更优雅。

（祝　军）

013　推行鞠躬礼

教育学生、培育和践行社会主义核心价值观，要立足中华民族的传统文化。结合母语教育的浓厚氛围，清华附小在全校师生中推广"鞠躬礼"。清华附小的开学典礼，从鞠躬礼开始；全校师生每天互致鞠躬礼；校外客人进校园，学生、老师会用鞠躬礼问候；在重阳节等节日，学生会用鞠躬礼感谢长辈。一个鞠躬礼，既是我们表达谦卑、与人友善的方式，也是在全社会倡导一种和谐的人际关系的努力。（梁营章）

014　校长竖起的大拇指

无论是清晨的校门口，还是惬意的午餐时间，抑或是夕阳下的操场上，校长总是把大拇指送给每一个健康、阳光、乐学的清华少年。能得到校长的赞美是同学们最骄傲的事。（连　洁）

015 三张名片杯

微笑、感谢、赞美是清华附小的三张名片。一（4）班的老师带领同学们绘制了自己的三张名片杯。每天，依据老师和同伴对自己的评价，学生向杯内放入相应的笑脸、鞠躬礼、大拇指卡片。每周五揭晓本周微笑星、感谢星、赞美星的时刻是孩子们最期待的。（王　露）

016 今天你微笑了吗？

在一（4）班，从班主任到每一个学生都是爱笑的。在班级门口的镜子旁，老师贴了一句话：今天你微笑了吗？用微笑传递正能量，用微笑温暖身边的人。老师爱笑，孩子爱笑，班级里总有一股生机勃勃的向上生长力。（王　露）

017 我是微笑、赞美之星

也许你会觉得奇怪，在清华附小时刻保持微笑也能受到表扬，赞美别人也会得到表扬。学会微笑说明学生有着阳光的心态，与人友善。赞美他人更是一种优秀的品质。尤其是对现在的独生子女一代来说，能及时发现别人的长处，并伸出大拇指进行赞美，是一种了不起的品质。为学生聪慧与高尚的人生奠基，清华附小就从这些点点滴滴的小事做起。（梁营章）

**018** 画我可爱的同桌

你熟悉身边的小伙伴吗？他是大眼睛吗？他有小酒窝吗？美术课上，老师让同学们画一画自己可爱的同桌。在绘画的过程中，小伙伴互相观察，沟通交流，更加亲密和谐。（连　洁）

邹沛然 二(4)

**019** 老师是最好的观众

当学生自己能排练、能伴奏、能指挥、能化妆时，老师干什么呢？做配角，当观众，发自内心地赞美与鼓励。此时，孩子们是成功的，老师也是成功的。（李丽娜）

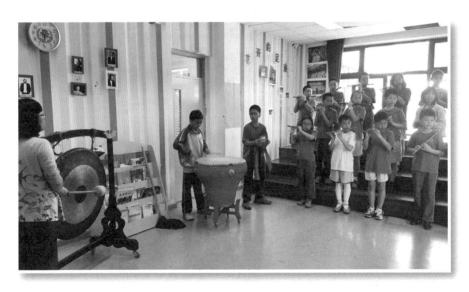

## 一、健康小专家

**001** 逃生自救游戏

　　体育教师通过对教材的深入挖掘与创造，设计出了适合低年级学生玩的安全逃生与自救游戏，从而更加有利于提升学生的安全意识和自救能力。（赵卫新）

**002** 绿色视觉区

　　在数字化普及的新世纪，学生面临近视的巨大隐患，为此我在班级后墙上开设绿色视觉区，使学生能够在课间休息时利用视觉训练图放松眼睛，学会正确用眼。（窦　旭）

**003　保护牙齿**

随着现代儿童龋齿患病率逐年增高，医务室定期组织孩子参加刷牙培训，让孩子们掌握正确的刷牙方法，彻底清洁口腔，保证口腔健康，达到降低龋齿患病率的目的。（焦玉萍）

**004　疾病预防宣传栏**

校医务室会根据不同的季节，在门口的宣传栏内张贴防病知识海报，向学生们普及知识，提高其防病能力。（焦玉萍）

**005　安全疏散演习**

为提高清华附小师生的防火意识、安全意识、安全疏散能力，我校定期举行"清华附小安全课程——应急疏散演习"。所有人在演习中提高了安全意识，熟悉了疏散路线，并发扬了互相谦让、互相帮助的美德。（连　洁）

## 006  红十字会进校园

第 68 个世界红十字日时，红十字会走进校园，宣传交通、消防、饮食等方面的校园安全知识。活动中，同学们扔骰子选题目回答，于玩中学习。（连　洁）

## 007  拒绝吸烟，从小做起

清华附小积极开展《北京市控制吸烟条例》宣传活动，校医罗侠大夫带领同学们在学校大门口向学生及家长发放宣传材料，让孩子们从小就知道吸烟有害健康。拒绝吸烟，从我做起，从小做起。（连　洁）

## 008  科学用耳你知道吗？

3 月 3 日是全国爱耳日，六（2）班的老师组织家长和志愿者向全校同学发放爱耳科普资料，并在学校愿景墙处布置了爱耳科普知识展板。家长冯东先生又给六年级全体学生进行了题为"科学用耳，预防药物性耳聋"的科普知识讲座，用一个个案例和前沿的科学技术向学生讲述了药物性耳聋的成因和预防措施。精彩的讲座引起六年级同学的极大兴趣，同学们认真听讲，积极互动。（连　洁）

**009** 人人都是急救员

为提高老师们的急救能力、服务学生的能力，提高附小校园安全度，我们邀请了北京市红十字培训中心的老师，到校进行急救培训，让每一位老师都成为合格的守护者。（连　洁）

**010** 突围不健康食品

4月7日是世界卫生日，学校请来首都保健营养美食学会的马老师，她用实验揭示了同学们熟悉、喜爱的很多饮料和零食竟然是不健康食品的"代言人"。拒绝不健康食品，快乐成长。（连　洁）

**011** 爱护我们的心灵之窗

清华附小举办健康专家进校园活动，特别邀请清华大学校医院眼科专家乌仁娜大夫来校，针对学生视力不良的问题为教师及学生监护人作了以"爱护眼睛　预防近视"为主题的健康知识讲座。本次活动普及了科学用眼知识，增强了教师及学生监护人的护眼意识，营造了家校联合爱护学生眼睛、保护青少年视力的氛围，愿每一位同学都有一双明亮的眼睛。（连　洁）

　　随着生活水平的提高，人们的体重也在增加，慢性病的潜在因子——超重肥胖也在孩子们身上有所体现。为了孩子将来的健康，提醒孩子们控制体重以预防肥胖，学校为孩子提供了"健康指数大转盘"，提醒孩子时时对自己的体重进行监控。（罗　侠）

013　体质健康测试

　　每年体质健康测试前，为了使每一个学生都能够正确通过测试，学校会对学生们进行培训，老师们要对每一个班级的每一个学生进行指导与帮助。快看，他们练得多认真。（马全阔）

014　健康知识普及

　　清华附小很注重健康知识的普及。一（3）班的老师和同学们抓住每一个学习的机会，他们不仅学习书本上的文化知识，还学习书本以外的健康知识。看，同学们在学习如何正确地刷牙。（袁喜超）

**015 安全直通车**

为了提高学生的交通安全意识，老师带领学生参与了情景模拟（酒后驾车、无证驾驶、闯红灯）、竞技比拼（交通标识贴贴贴）、自由任务（交通飞行棋、交通超音速）、拓展技能（乘车安全技能拓展）四个模块的体验活动。在轻松愉悦的氛围中，学生玩得不亦乐乎，又学到了不少交通安全知识，真是寓教于乐呀！（尹迎春）

**016 体验生命大课堂**

为了丰富学生的医疗卫生知识，拓宽学生的视野，学校把海淀医院的医护人员请到学生身边，为学生细致讲解生命的特征，手把手教学生量体温、包扎……两个身穿护士服的学生露出了天使般的微笑。（苗育春）

**017 小交警**

清华附小三年级的学生参加了朝阳交通支队"阳光少年"交警队会操及交通安全文艺节目展演。在本次展演活动中，他们个个精神抖擞，动作整齐划一，赢得了在场观众的阵阵掌声，不仅展现了附小人的风采，也学到了很多交通安全知识。（张　忱）

雾霾频发，如何正确有效地防范才科学？退休的环境系老教授来到班里，为学生们讲解了什么是PM2.5、PM10和PM50，以及日常生活中如何应对，并鼓励他们从小树立保护环境的意识。（张　晖）

### 019　交通安全主题宣传日

学校开展了"交通安全主题宣传日"活动，在活动中，老师寓教于乐，将枯燥的交通安全知识和技能转换成小游戏，让学生在轻松愉悦的氛围中将交通安全知识和技能熟记于心，有效地提高了学生的安全意识。（赵　静）

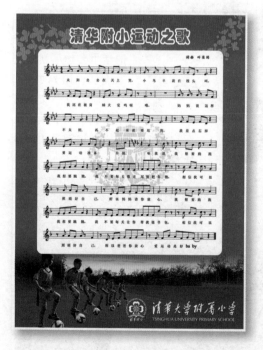

### 020　我爱运动

附小的学生每天能上一节体育课。体育老师还会在运动中，适时为同学们讲解健康知识。体育运动让学生的体质明显改善，也丰富了学生的运动保健知识。（安　华）

雾霾天气威胁着人们的身体健康，特别是对身体正处于发育期的小学生危害更大。因此在雾霾天，学校把体育课从户外搬进了教室，让孩子学习一些基础性、柔韧性和灵敏性等方面的项目，并教授一些防范雾霾天的小知识，最大限度地避免学生吸入有毒颗粒物。（何宇畅）

眼睛是心灵的窗户，为保护孩子的视力，让孩子拥有一双明亮的眼睛，校医每学期组织学生进行眼保健操培训，教会孩子们自我保护视力的知识和方法。（罗　侠）

## 二、别担心我们在一起

### 001 感谢你、对不起

班级里放置了两个瓶子——感谢瓶与致歉瓶。无论什么时候，学生如果想感谢身边的哪位同学，就可以把感谢写下来放在感谢瓶中，让小小的瓶子转达谢意。有的时候学生之间也会有小摩擦，"对不起"可以化干戈为玉帛，但有的学生脾气倔，拒绝说这三个字，过了许久，想向对方致歉的时候，又因为害羞而不好意思说出口，所以可以把自己的歉意写下来，放在致歉瓶里表达迟来的歉意。"感谢你""对不起"让学生的关系更加融洽和谐。（陈慧娟）

### 002 青春期心理健康课

每一届学生，在五六年级的时候，都会上青春期心理健康课。无论是女生的"羞答答的玫瑰静悄悄地开"，还是男生的"什么是男子汉？"，都已形成系列课程。（李红延）

### 003 种子教室

清华附小的丁香书苑内，有一间装修温馨如家的小教室，名叫"种子教室"。在这里，老师会对需要帮助的孩子进行面对面的

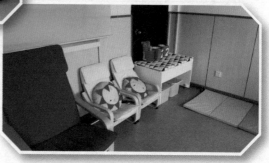

心理辅导，让阳光照进每一颗"种子"的心里。附小的老师们相信：种子只要向阳生长，一切都会好的。（韩 冬）

## 004 悄悄话

在一（3）班的花丛中，你会发现有一个小篮子，上面写着"悄悄话"，它是班主任的小信箱。如果同学们有什么话想对班主任说，或者有了小委屈想向班主任倾诉，都可以写个小便条，放在篮子里。每天放学后，班主任会过去看看有没有同学向她说悄悄话。倾诉委屈、交流想法、提出愿望，都可以说句悄悄话。（华　伟）

## 005 拥抱健康

防止性侵，自我保护，清华附小中年段"十岁的天空"主题课程，给即将迈进"10"字头的同学们提供正确、理性的自我保护指导。十岁的天空下，愿大家健康快乐地成长。（韩　冬）

## 006 心理疏导课

人生路上将面对各种压力，各种烦心的事情，有的人能不断地鞭策自己，而有的人则意志消沉，甚至想轻生。面对压力时，你会怎样做呢？老师为同学们上心理疏导课，以帮助他们更好地应对压力。（李红延）

**007 家校沟通**

　　老师经常与家长交流孩子的情况，共享合适的教育方法，与孩子沟通的技巧，从而在教育孩子的过程中，心往一处想，劲儿往一处使，话往一处说，加快学生成长的步伐。（王杰红）

**008 树立自信**

　　每个班级都有几个不太自信的孩子。附小老师总是引导他们认识自己的优点，帮助他们勇敢地表现自己。树立自信是健康、阳光、乐学的第一步。（杨雅辉）

**009 绘本里的上学记**

　　入学教育周，我每天给孩子们上一节主题绘本课，小阿力、啪嗒猫、小老鼠、小兔子等陪着刚入学的孩子们在复杂的情绪和心理中走了一个来回。最初的担心、不安和忧虑在听故事中逐渐褪去，留下的是欣喜和向往。（朱丽玲）

010 军训课程

一年级的小豆包，刚刚熟悉了校园生活，新鲜的军训生活开始了，他们在教官的指挥下，学会了站军姿，知道了团队的力量大。他们在集体的温暖中克服了入学恐惧，很快融入到快乐的班级中。（刘春节）

011 幸福宝箱

三（4）班有一个"幸福宝箱"。学生们每天都会把生活中的点滴幸福记录下来，放进宝箱中。大家都期待着每月打开宝箱的日子。感受幸福也是一种能力。（连 洁）

## 第二辑
# 为学生聪慧学习奠基

聪慧，聪明而有智慧。附小的老师们努力让学生永远葆有积极的学习状态，拥有扎实的基础、广泛的兴趣，进而形成志趣。老师引导学生增强学习内驱力，勤于学习、敏于求知，既能自主学习，又能与人合作，具有良好的学习习惯、科学的学习方法，学会思考，敢于质疑，勇于探究，并能够把学习所得运用于社会生活中，做到知行合一。

# 学习兴趣

## 一、乐学从这里开始

**001** 我是小明星

音乐课上，人人都是小明星。CBD校区的同学们有很多才艺，渴望得到更多的机会去展示自己。于是，每节音乐课，我都会给大家留出五分钟的展示时间，叫作"我是小明星"。小明星们有的能歌、有的善舞，还有的能出色地演奏乐器。他们通过自己的表演赢得了大家的阵阵掌声，也变得越来越自信了！（邓曹爽）

**002** 魔力空间

数科教室里有一个"魔力空间"。数科老师对孩子们说："你想拥有魔力吗？那就快来学习魔尺和魔方吧！"于是，课余时间你总能看见三三两两的身影，或是手拿魔尺正在钻研最新造型，或是互相切磋魔方变法。（董　彦）

**003** 数学计算大挑战

提起口算，很多人觉得特别枯燥。为了激发学生的口算兴趣，我们班组织了数学计算大挑战活动，为孩子们搭建口算擂台。学生们实时记录口算结果，并分享在班级微信圈中。项目开始一个月后评选班级计算明星榜。很多家长也参与到了口算的活动中。（唐小莉）

004 毕业课程之古诗文素养

古诗文是中国传统文化的精髓，学习古诗文有利于塑造学生具有中国灵魂。附小请来了清华附中的特级教师为即将走入初中的同学带来古诗文素养课。（郝晓红）

005 引专家，激兴趣

数学课堂应该是文化教育的课堂。引数学专家讲数学家或数学界的奇闻逸事，不仅能大大激发学生的学习兴趣，而且对学生的人格成长富有启发作用。（郝晓红）

006 我有一副好口才！

"滔滔不绝、落落大方"，说的是孩子们演讲时的状态。从一年级开始，我就注重培养孩子们的演讲意识，要求他们站姿端正、声音洪亮、表达清晰、说完整话。清华附小特有的课前三分钟又给了孩子们难得的机会，许多孩子从刚开始一上台就紧张得说不出一句话，到现在对着台下镇定自若地演讲，真是进步不小！（何烨）

### 007　拼音与信息整合

每周一中午，你都会看到一年级的孩子们在专业教室内以小组的形式进行打字练习。为了使枯燥的拼音学习更有趣，联系生活实际，老师们把语文拼音与信息整合起来，让学生们在乐趣中学习。（华　伟）

### 008　地书笔练书法

为了提高学生的书写水平，提高学生书写的积极性，老师带领学生用地书笔习字，以地为纸，以水为墨，书写大字，抒发心胸。此举使学生对书法的兴趣更浓厚了。（贺军峰）

### 009　爱上教室

想让学生爱上科学研究吗？那首先要让科学教室成为学生们喜欢的地方。为了让孩子们喜欢科学教室，从而更愿意到科学教室来研究科学，科技组最大可能地让科学教室体现研究的专业性，同时也把同学们的作品装饰在了教室中。（李　强）

## 010 拼音宝箱真有趣

拼音宝箱里每一张拼音卡对应一位学生的名字拼音。课间，一位学生每次抽取一张拼音卡拼读，如果正确，并且找到相应的同学，即在记录单上记下该同学的学号。最先攒满全班学号的学生在语文老师处领取奖励。游戏的方式和拼音内容的新颖设计，激发了学生们学习拼音的兴趣，也增进了学生之间的交往和友谊。（朱丽玲）

## 011 笔墨纸砚，学生的营养餐

清华附小是一所书香校园，在这所校园里，学生每天都在享受着知识的盛餐，无论是图书馆里，还是教学楼的楼道里，抑或是教室的窗台上，随处都有书读。在开学典礼上，学校送给了每个学生一套水写布和毛笔，不仅仅是为了让学生练就一手好汉字，更是为了让学生养成一生的好习惯！（朱立超）

## 012 《写字手册》

为让学生写一手好汉字，学校组织书法老师利用放假时间为学生手写《写字手册》。（贺军峰）

## 013　一手好字

在学习和生活的随时随处，老师陪伴学生练就一手好字。清华附小学生的乐学目标之一就是练就"一手好汉字"。为了培养学生对习字的兴趣，我为学生准备了水写布，学生课间休息时也愿意拿起笔练一练。（李　秀）

## 014　看图写话我出题

低年级的看图写话一直是同学们学习的难点。很多同学不爱写，不会写。针对这种情况，老师和班里几名很喜欢绘画的同学商量，由他们把生活中的场景画下来供同学们练习。一幅幅生动有趣的图画完成了，同学们一看是伙伴的作品，这么贴近他们的生活，一下子就有了写话的兴趣。（连　洁）

## 015　三字口诀扑克牌

清华附小有六个主题课程，分别是言行得体、协商互让、诚实守信、自律自强、勇于担当、尊重感恩。为了让这六大主题中的要求更加喜闻乐见，学校设计了印有三字口诀的扑克牌，让学生在寓教于乐的教育中内化德育要求。（梁营章）

016 吟诵声中练字

每天中午，附小都有专设的吟诵习字时间。广播声响起，同学们就会拿出写字手册或者水写布，伴随"平长仄短、依字行腔"的经典吟诵广播，提笔练字，传承中华文化。（连　洁）

017 知识小火车

班里有辆知识小火车，车厢里装有生字宝宝、词语宝贝、数学知识，学生们每天都努力认识学习它们。把学习变成乐趣，变成游戏，别提多开心了！（沈　美）

018 让教学资源为学生所用

我开放性地把 iPad 提供给学生使用。就这样，学生记录了一学期的班级日志，在课堂上能够熟练地使用设备搜索资料，还利用 APP 学习了简单的视频拍摄和制作。（王　峰）

## 019

益智擂台赛

数学老师在班里开展了"益智擂台大赛",比赛项目包括魔方、华容道、鲁班锁、九连环等等,大家都来参与打擂,欲把擂主的名字换成自己的名字。同学们动手又动脑,课余生活丰富又好玩。(王玉梅)

020 我爱英语戏剧课

每周二下午,孩子们会载歌载舞,和外教Peter一起排演英语戏剧《安妮》。清华附小学生戏剧社团是在学校"1+X课程"育人模式指导和引领下新组建的学生艺术社团,旨在培养学生的艺术审美、语言表达、舞台表演、团队合作等多种能力,努力为学生综合艺术素养的发展奠基。同时戏剧课程也极大地丰富了孩子的内心世界,让他们感受到表演艺术的乐趣和魅力。(王奇志)

021 丰富多彩的数学文化节

清华附小举办了主题为"学数学,其乐无穷;用数学,无处不在;爱数学,受益终身"的数学文化节。活动共包含以下五项内容:数学计算大挑战、讲数学故事、巧手制作、数学小报、益智游戏。目的在于让全体同学共同参与,增强学生学好数学的信心,掀起爱数学、学数学、用数学的热潮,从而全面提高学生的数学文化素养。(赵 静)

022 英文绘本故事屋

英语老师给学生开辟了故事小屋。每周五中午，英文绘本爱好者们都到故事小屋听故事。看，他们听得津津有味，多开心啊。（王　洁）

023 天文活动

学生学习天文时，让他们通过多种手段（如查阅天文资料、看天文录像、操作望远镜、天文观测、外出参观等），在诸多实践活动中培养能力，远比让他们在课堂上纯粹、单一地听讲来得丰富和牢固。（文　敏）

024 识字树

一（1）班的主题是语言与人文，有一面墙上"种植"了一棵知识树，知识树上满是标有本学期必会字的苹果，学生摘生字苹果可获积分——在游戏中学习。（吴　洋）

### 025　橡皮的故事

为了使学生养成良好的书写习惯，班级里开展了"比一比谁的橡皮大"的活动。老师在一个月的开始为每一位小朋友发一块小橡皮，并提出比赛规则。学生们谁也舍不得用这些小橡皮，逼着自己想好再下笔。看，这些是比赛获胜的同学的橡皮，我们一起记住他们的名字。（卫京晶）

### 026　"一帘英文梦"

基于语言与人文的主题和拥有国际视野的理念，一（1）班根据班级环境，打造了"一帘英文梦"，帘上是彩色的丁香花瓣，每一片花瓣的正反面都有英文单词，让学生在美育里学习英文，潜移默化地记住单词。生活中无处不英文，学在生活中。（吴　洋）

### 027　地砖上的植物

知行楼前的地砖上画着很多格子，供同学们课间休息时玩跳格子游戏。充满智慧的老师请同学们将植物的枝叶放在格子里，喷绘出植物的形态，再写上这种植物的名字。同学们可以边玩跳格子游戏，边认识不同的植物。（许　剑）

028 **"鲁宾之壶"原理的应用**

在"对称图形设计"一课中，老师给学生拓展了图底关系的设计原理，大家都跃跃欲试想应用"鲁宾之壶"原理设计对称图形。来看看学生的一幅作品吧，你都看见什么图形了呢？（杨雅辉）

**029** **师生共玩九连环**

为了更好地培养学生的逻辑推理能力、动手能力，努力促进学生手部小肌肉群的发展，我在每星期一节的数学创新课中添加了九连环游戏。为了更好地使全班同学都能够喜欢上九连环，我在班级内创设九连环教学组，选举九连环小导师，同时进行班内比赛，师生共玩九连环，在班级内营造了活跃的九连环游戏氛围。（易　博）

**030** **《数学的故事》**

BBC纪录片《数学的故事》浅显易懂，于细节处揭示数学的本质，称得上一份绝佳的数学资料。于是，我在数学阅读课上引导孩子观看一段《数学的故事》，使他们在了解数学历史的同时，也感悟到数学的魅力和真谛。我还启发孩子，让他们设想自己生活在古代，思考面对问题时如何解决，并写下解决的策略。（张　强）

**031** 自学制作动画，寓教育于娱乐

　　随着慕课、微课等新型课堂逐渐推广，老师们也积极加入到新教育手段的开发与实施中来，尝试着向传统的课堂中注入更多新鲜的元素。老师自学 GoAnimate 动画制作教程，制作出了各式各样新奇有趣的动画，在课堂上播放给同学们看，同学们在精彩的视频、震撼的音效中快乐地学习英语。（赵若冰）

**032** 小豆包们的第一次进棚

　　孩子们第一次走进录音棚，为歌舞剧《快乐的小伙伴》进行配音。别看孩子们年龄小，认真劲儿却不输给老师。认真听老师讲解录音知识、用心演唱每一句歌词，孩子们在录音中受益匪浅。（张　胤）

**033** 生字火车开起来

　　语文老师制作了便于同学们指认的小字卡，又经同学们精心装饰，以小火车形式粘贴起来，成为班级一景。每到课间，同学们三三两两聚集于此，指认生字，相互考一考。游戏中循环往复识记生字，不断巩固，取得生字长久记忆的效果。（朱丽玲）

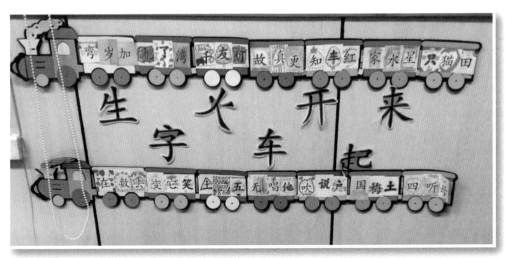

　　我的英语课的第一个环节是"K歌"！英语老师们一起甄选出三十多首适合各个年段的英文歌曲，卡通的、流行的，一应俱全，同学们自己从歌单里选最喜欢的英文歌来唱。同学们觉得用这种方式上课特别酷。（赵若冰）

## 二、长满书的大树

**001** 晨读微课堂

清华附小的读书角落到处都是，阅读从每天早上开始。晨读的学生们在图书馆中畅游，开始一天的生活与学习。读书，读好书，做聪慧高尚的人。（安　华）

**002** 北京国际儿童阅读大会

2015年北京国际儿童阅读大会，是清华附小百年校庆系列学术活动之一。清华附小主题阅读立足于课堂，通过推荐必读书目和选读书目及开展阅读教学，将小学阶段的阅读目标化、系统化，基于对民族和世界经典文化的传承，实现多维度整体立人的教育理念。（韩　冬）

**003** 毕业课程之图书馆文化之旅

走进清华大学图书馆，同学们不但了解了清华大学的历史，而且领略了图书馆里琳琅满目的藏书的浩瀚，还感受到大学生孜孜不倦地徜徉在书海中的浓郁的读书氛围。（郝晓红）

**004** 阅读百年清华大师传记

为了传承清华人自强不息、厚德载物的精神，为了让班级形成阅读特色，老师不辞辛苦，联系家长，联系书店，为同学购置了百余本清华人物传记。清华的百位大师传记"落户"四（1）班，与同学们朝夕相处。老师希望同学们读了这些人物传记，能真正感受到清华的精神、人物的风貌，在精神气质与品格上日有所进。（韩　冬）

**005** 张开想象的翅膀

三（1）班针对本年段学生应重点培养想象力的年龄特点，选取了一系列激活想象的绘本。课堂上，老师带着同学们一起打开书，大胆地想象，让同学们在自由自在、无拘无束、天马行空的想象中，感受到阅读的乐趣。（李春红）

**006** 创意无限的读书节海报

在清华附小第四十届"长满书的大树"读书活动中，每个班的学生在教师的指导下，兴致盎然地创作班级图书推荐海报。一张张海报，不仅是号召学生读书的宣传品，更是一幅幅精美的艺术品，令人赏心悦目。（贺　洁）

　　六年级，马上要从小学踏进初中的大门。这一年，老师带领学生们参与有益身心的各种活动，同时在学业中整合了更多的图书。让人坚强面对人生的《假如给我三天光明》，让人思考人生意义的《尼古拉的三个问题》，让人在挫折中重新振作的《开往远方的列车》……一位位书中的老师，给学生们带来了更多的人生启迪，让书籍伴随他们走过这一年的风风雨雨……毕业了，每一位同学充满期许，含笑迎接未来。（焦　玫）

**008** 共读时光

　　读书，是最快乐的事情。静静的午后，老师带领学生拿出自己喜欢的书，津津有味地读起来。老师会轻轻走到某一个学生身边共读一本书。偶尔有两个"调皮鬼"小声说笑，目光触到其他同学专注读书的神情，吐了吐舌头，相视一笑，也取出书读起来。淡淡的书香，悄悄地弥散在心头……（黄　静）

**009** 全息式阅读

　　所谓全息式阅读就是采用多种手段解读文本的方法。例如在指导《汤姆·索亚历险记》的阅读过程中，老师指导学生制作人物沙盘、情节飞行棋和进行人物扮演等，使学生在阅读的基础上进行二度多维创作。（李红延）

010 《从小爱数学》

老师为孩子们准备了数学绘本《从小爱数学》(40册)，绘本内容生动活泼有趣，可把小书迷们迷住了。看，晨读时、课间、午饭后，到处是孩子们津津有味地读书的身影。每读完一本，他们在小组内交流分享，然后读书单上就会得到一个小笑脸。（李晓英）

011 《丁香娃娃奇遇记》

《丁香娃娃奇遇记》一书是清华附小师生共同创编的作品，其创作灵感来自安东尼·布朗的《威利的奇遇》。它以清华附小吉祥物丁丁和香香为主角，从清华附小推荐的100本必读书中各选取一个情节，把100本书的内容以故事的形式串联在一起，每个故事代表一本必读书，目的是吸引小读者阅读原著，从而使清华附小的主题阅读课程从静态的书目走向动态的阅读。（连　洁）

012　图书漂流起来

图书怎样漂流？一本书能让多少人收益？你在漂流卡上留言了吗？每一个同学都积极参与到活动当中，大家都从家中选了一本好书，带到学校，在漂流卡上写下自己的名字和推荐理由，然后让这本书在附小少年当中漂流——"独乐乐不如众乐乐"！同学们读得可认真啦！（连　洁）

## 013　推荐书单

清华附小是一所书香校园。学校老师们根据学生的年龄特点，精心为各年级同学推荐了阅读书目。这份书单里不仅有一定要阅读的经典必读书目，还有很多涵盖各领域内容的选读书目。（连　洁）

## 014　影响孩子一生的主题阅读

附小老师编写了《窦桂梅：影响孩子一生的主题阅读》一书，该书根据儿童成长发展的特点，整合了40个阅读主题，选择了220余篇经典文章。丛书按1—6年级小学生的阅读水平进行分类，涵盖了文学、科普、哲学、历史等多个门类，选文兼具文学性、工具性和科学性。这些杰出作品，让小读者们享受到语文课本不曾带来的阅读乐趣，培养孩子们在阅读中对比、归纳、联系的思维方式，大大提升和拓展了孩子们的阅读质量和阅读空间。（连　洁）

## 015　长满书的大树

哇！校园里有一棵长满书的大树。树枝上挂满了各种经典图书。课间，同学们纷纷来到树下，仰起小脸，看着这些让他们着迷的"图书伙伴"。（连　洁）

## 016 班级书架

学校根据每个班级教室前面黑板下方的尺寸，定制了班级书架。有了这个班级书架，学生们就可以把喜爱的图书都存放进去，这样既整齐美观，又存取方便。课间、午休时学生们就会跑到书架前选取自己喜爱的图书。（凌勇涛）

## 017 大手拉小手，你读我欣赏

清华附小是书香的校园，高年级学生带动低年级小朋友爱上读书的行为一届届传承着。又是一年春来早，在班主任老师的引导下，六年级同学拉着低年级同学的手走进了春天的绿荫下，播撒读书的种子。他们欣赏着文字带来的美，也感受着彼此传递的温暖……（苗育春）

## 018 我爱英文图书馆

每周一和周五下午"X课程"的书香托管是一年级同学的英文阅读时间，老师就像孩子们的妈妈一样坐在他们的身边，和他们一起遨游在书的海洋中，品读着一个个有趣的英文小故事。孩子们爱这里，老师也爱这里。（马艳红）

**019** 魔法学校

　　四（6）班有一群哈利·波特迷，他们生活在那个魔法世界里，那里有纯洁的友谊、温馨的亲情，也有勇敢、无私、智慧等美好的精神品质。他们沉浸在一个干净的世界，那里有格兰芬多、赫奇帕奇、拉文克劳、斯莱特林，那个世界总是充满希望！（王　艳）

**020** 工具书角落

　　学会学习是多么重要的一件事。会使用工具书是中年段学生应该具备的能力，整齐的字典、词典让同学们能用最短的时间获取知识，更重要的是，让学生明白只有亲自查找的字词才会记在自己心中。（薛　晨）

**021** 图书馆的书籍

　　图书馆怎能少了书籍！我们这里的书籍，可都是经过精挑细选、符合孩子读书胃口的。科技、文学、科幻、绘本、艺术、漫画等方面的图书，只要是学生和老师们喜闻乐见的，我们这里都能找得到。（杨雪原）

数学绘本阅读

　　每星期老师都利用一节课进行数学绘本阅读教学，并深受学生喜欢。数学绘本阅读课成了学生每周最盼望的一节课。为此老师搜集了大量的数学绘本，然后筛选经典绘本，为学生的成长提供营养。（易　博）

023 读书活动

　　我们图书馆的特色之一是开展丰富多彩的读书活动。丁香阅读活动深受学生们的喜爱，学生们不仅读好书，还乐于完成读书报告单，他们把书中精彩内容记录下来，配上精美的图画。（杨雪原）

024 爱上读书

　　"今天，你读书了吗？"这是挂在很多班级里的名言。能让每个孩子都爱上读书是多么伟大的事。有每天早晨的诵读，还有主题阅读课，专用于读书分享。从一年级到六年级，一本本选读书，一本本必读书，一本本自选书，积淀了孩子的童年。读书的同时，我们制作读书报、好书推荐卡、书签、思维导图。在静态的、动态的读书分享中，孩子们在慢慢长大。（许　剑）

**025** 灵活多样的书香托管班

每天放学后，阅览室成为学生们最喜欢来的地方。孩子们在这里借书、还书，这里还有因家长不能按时接走而在此看书、写作业的学生。（杨雪原）

**026** 制作学生借阅证

同学们最渴望到图书馆读书和借阅图书。图书馆老师为同学们制作了精美的"清华附小图书馆借阅证"。学生们手捧借阅证，爱不释手。（杨雪原）

**027** 有故事的柱子

在暑假里，怎么把年段关于诚实守信、自律自强的教育理念浸润到教学楼的每个角落，给学生营造一个书香的环境？在段长王老师的倡导下，美术老师从班主任那里拿到必读书目，从中筛选出八个故事，将故事以插图的形式画在柱子上，一幅幅生动的画像立体地呈现在楼道里。（张　静）

028 好饿的毛毛虫

好饿的毛毛虫呀，把苹果肚子里的书全部吃掉，最终破茧成蝶啦。小朋友们，你们愿意变成一只美丽的蝴蝶吗？那就多读书吧！（隋敏芳）

029 墙壁上的童话

为了给孩子们营造富有文化气息的学习氛围，老师们用休息时间动手画墙壁版《安徒生童话》。（祝 军）

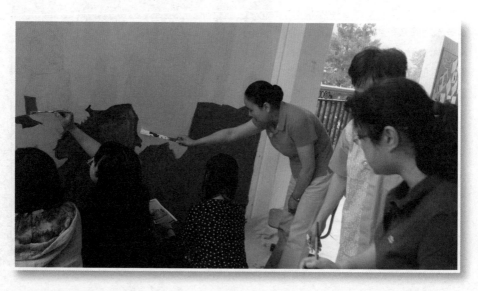

# 三、多彩的作业

## 001　有生命的叶子

一片片或黄或红的叶子走进了孩子们的世界。在老师的指导下，学生们欣赏自然界多姿多彩树叶之美的同时，尽情发挥想象力，通过收集、分类压制、构图、固定、保存五个步骤，创造出了属于自己的作品，感受有生命的叶子。（陈京芳）

## 002　美丽摘抄本

有积累才能有创作。为了激励孩子们课外积累的热情，老师鼓励孩子们对摘抄作业进行创新，许多孩子用画笔画出了形意兼备的插图。孩子们本身十分喜欢画画，这下也爱屋及乌，爱上了摘抄作业。当然，老师不会吝惜赞美，大大的印章让孩子们的热情更加高涨！（何　烨）

## 003　我的海报我做主

一（4）班教室里炫酷的海报区总让孩子们流连忘返。这些海报主题一经老师确定，孩子们便开始了有条不紊的快乐协作。从材料的选择，到设计分工、动手操作，一系列成果都由孩子们自主完成。而老师只需要给他们备足所需材料，适时引导鼓励即可。看！他们的海报漂亮吗？（黄静博）

**004** 缝沙包

这一天老师留了一个有趣的作业——缝沙包。同学们一到家就迫不及待地开始准备了，布、针线、豆子，设计沙包的缝制图，几个面？有什么特点？怎样设计才能实用又美观？锻炼动手能力，综合运用所学知识，缝完沙包还可以马上投入锻炼，一举多得。（李红延）

**005** 为兴趣而读

英语绘本的阅读，激发了学生的学习兴趣，启发了他们的思维。以《好饿好饿的毛毛虫》为例，孩子们很快记住了毛毛虫每天所吃的食物，会不由自主地写出单词，并配上他们喜欢的颜色，构思出了变化多样的生命循环图。我还组织大家用自己喜欢的方式创编故事。（陈新蕾）

**006** 数学小报

四年级时一个女孩曾弱弱地问："老师，您说我是不是永远也学不好数学呀？"这样的话让人伤感。学校全面推进"1+X课程"后，数学小报激发了她学习数学的热情，使从小就喜欢绘画的她的才华得以释放，并一发而不可收。她对这种数学艺术化、艺术数字化的形式具有极强的认同感，曾对妈妈说："这是用绘画这把钥匙打开了探索数学天地的大门。"（姜国明）

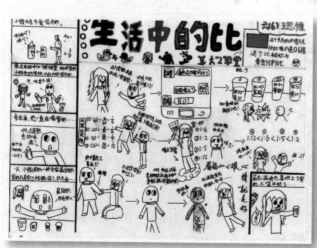

**007** 童话续编

　　"不一样的卡梅拉"系列是二年级的选读书目，书中有趣的情节让同学们特别喜爱。主题阅读课后，老师布置了续编童话的作业，《卡梅拉之我要保护月亮》《卡梅拉之我要保护小恐龙》《卡梅拉之我的双胞胎弟弟》等精彩作品新鲜出炉。（连　洁）

**009** 漫画引发创作热情

　　漫画成了寒假中的一项作业，而且老师要求漫画中要体现数学元素，这可向同学提出了挑战，但也激发了学生们的创作欲望。当一个个充满奇思妙想的漫画作品张贴在班级板报上时，同学们一个个驻足流连。原来数学也可以这样有趣！（姜国明）

**008** 我是绘本大师

　　读过一本又一本经典的绘本，同学们被绘本精彩的故事内容和精美的图画深深吸引。老师鼓励同学们也可以尝试把自己想象的故事画下来，加上想要表达的文字，创作自己的绘本作品。（连　洁）

### 010 我们坚持写日记

一年级开始，就号召大家自愿写日记。最初，学生们只能写几个字或一句话；慢慢地，有的学生已经能写两百多字了，并且图文并茂，语言生动；甚至有的学生已经"出版"了自己的第一本日记书，多了不起呀！
（王杰红）

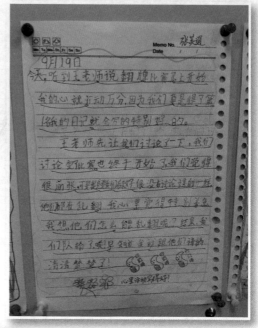

### 011 开放性作业

"五的口诀"学完了，课后仅仅去背背口诀吗？不可以！这个"五"和之前认识的"五"意义是否相同？生活中出现的五有哪些？能用"五的乘法口诀"解决问题吗？一连串的问题，开启了学生寻找五的旅程……
（许淑一）

### 012 公益小书箱

班里一直开展着公益小书箱活动，每周固定时间让学生借阅绘本并准备好漂流日记本和精美的画笔、贴纸。学生将自己最喜欢的绘本"搬"到漂流日记中，图文并茂地展示自己的收获。（王　洁）

**013** 《丁香树下的童话》成长记

在毕业典礼上，清华附小2014届二班，每人手捧一本属于自己的童年写真集。在原汁原味的日记、插图等记录中，我们可以阅读到每个学生不一样的成长印记。二班六年如一日地在班级特色上坚持做好一件事情，就是让学生书写自己和他人的童年成长经历。当学生12岁毕业时，6年的小学生活，渐渐被记录在《丁香树下的童话》成长册中。（王　君）

**014** 丰富多样的数学作业

枯燥又重复机械地训练？一笔一画、循规蹈矩地画图？ NO！这不是我们的作业！我们班的学生，运用所学知识，在一本本数学绘本中探秘，展现自我。快乐地学，高兴地用，才是我们的作业。（王宁宁）

**015** 海报的故事

发挥孩子的创造性，提高孩子的综合能力的途径很多，其中制作海报便很有效。孩子们动手动脑动笔，综合能力得到提升。大概从二年级起，老师就让孩子们制作海报，特别是在寒暑假，将自己的假期活动情况做成图文并茂的海报。开学的第一天，是大家最兴奋的日子，因为可以彼此分享假期的收获。孩子们制作海报的情景，是一道亮丽的风景线。（许　剑）

**016** 微信交流数学小课题

为了培养学生发现问题、提取问题的能力，使其真正地把数学运用到生活中去，同时为数学课前三分钟演讲提供素材，也为高段时的数学建模和数学小课题做好准备，我在微信里每周公布一些生活中的数学问题让孩子们去思考。（易　博）

**017** 绘本接力日记

一年级新生入学时，老师便制作了一本"班级绘本日记"。在扉页上，老师拿起铅笔画下了《猜猜我有多爱你》中的一页插图——大兔子张开双臂，说："我爱你有这么多。"于是，班里的47只"小兔子"纷纷效仿，用一学期的时间，完成了两大本绘本接力日记，让师生的心，紧紧连在一起。（俞　璐）

**018** 种子观察日记

中段学生限于知识水平，还不能写太专业的小课题报告，因此三年级上学期，我们班开展了观察种子生长的课题研究，给孩子一个锻炼观察能力的平台。同时，与语文课整合，鼓励学生写观察日记，提高学生的写作能力，为以后写好小课题报告做好准备。（易　博）

**019** 成长本

　　四（6）班学生一直坚持写成长本，所谓成长本就是每周一篇日记、一封信、一篇小说连载。坚持一年后，班级积累了很多优秀作文。老师和家委会通力协作，将它们集结成册，取名《一起成长》。老师成长，家长成长，学生自然成长，教师和家长最幸福的事就是和孩子一起成长。（张文强）

**020** 创意数字

　　为了加深一年级的孩子们对数字的认识与理解，让他们体验不一样的数学，数学老师将数学与绘画相整合，让孩子们制作创意数字。看，这是他们制作的数字，是不是很有创意？（昝玉静）

**021** 数学日记

　　每天进步 1%，坚持一年就是很大的进步。所以，老师让学生每天写一句话数学日记，内容就是今天有关数学或科学的最大收获。学生有目的地留意一天中有趣的、有益的数学小故事，于是慢慢地，学生认真多了，而且变主动了，成了学习的小主人。（张誉鑫）

这，已不仅仅是一个个包，孩子们用心中绚丽的画笔，为它们描绘上了五颜六色，让它们成为一个个有思想、有故事的附小符号，传递到每一个喜爱它们、收藏它们的来宾手中。（隋敏芳）

# 一、来一场头脑风暴

**001** 全脑速读课程

一目十行？是的，在清华附小四（1）班的孩子们眼中，这并不是什么难事。全脑速读课程是这个班的特色课程，一学期下来，它极大地开发了学生大脑的潜能，使他们达到双脑并用，从而实现高效阅读。（韩　冬）

**002** 毕业课程之未来教室

由来自丹麦哥本哈根市的创意美术专家们指导的一堂主题为"水中未来城市"的工作坊，让学生们思路更开阔。创意美术专家们带领学生们走进未来城市，思考未来，探索未来，创造未来。在"未来教室"的毕业课程上，学生们用自己的方式理解美术和建筑，并提交了出色的设计方案。（郝晓红）

**003** 献礼百年校庆

数科节期间，中年段四年级的全体同学在老师的指导下，团结协作，身脑并用，为庆贺清华附小百年校庆在小操场排列组合出了一朵大大的丁香花，在丁香花的中央，还有同学们拼成的数字100！这样的活动，不仅开发了同学们的形象思维，也培养了他们的合作精神。（张　静）

004 《互动竞猜》

《互动竞猜》，是附小师生合力打造的，非常受学生喜爱的一档节目。此节目主要就电视台播放的安全教育片、知识微电影、中华美德故事等视频中的某个知识点提出问题。这种形式可以提高学生观看视频时的专注度，又可以让他们在游戏中获取知识。（郭洪娟）

005 知行楼有多高

知行楼有多高？这可有点儿难。测出一块砖行吗？没有工具用跳绳靠谱吗？哈哈，有个机灵鬼借来了卷尺，真好用吗？你还能想到哪些方法？行不行得通？拿出来试试。

（李丽娜）

006 24点游戏

"24点游戏"是一种常见的数学运算游戏，简单易学，能健脑益智，是一项极为有益的活动。课堂上组织学生游戏，打破了沉闷的学习，增强了学生的数感，激发了学生思考的主动性。学生在玩中爱上了计算。（郝晓红）

一卷手纸究竟有多长？树叶的面积大约是多少？附小操场200米比赛各道起跑线是如何设置的？这些问题有的来自教材，有的来自生活，有的来自学生。学生们通过自主研究解决了一个又一个困惑，这些从课内延伸到课外的课题研究提升了学生的数学理解和研究能力，让他们亲身体验到了数学与生活的密切关联。学习就这样一步步地走向深入。（姜国明）

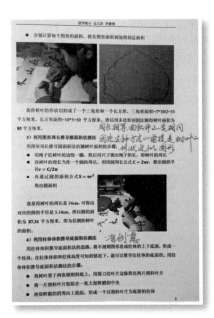

驼鸟

玩魔尺的高手，可不仅仅是变形时间快，而且要花样多哦。老师在班里进行了魔尺花样创意赛，锤子、眼睛、龙舟、双响炮……花样越来越多，同学们手指的灵活性和想象能力都在不断提高。（连 洁）

数学整合，打破了一节课一节课学习的界限，让学生经历完整的发现问题、提出问题、分析问题、解决问题的过程，还给了学生采用不同学习方式的选择权。在课内外整合的学习中，学生的好奇心、问题意识、合作意识、质疑能力、反思能力等素养都得到了提升。（郝晓红）

## 010　测量操场长度

操场的长度怎么测量呢？老师布置了这样的作业后，可难坏了同学们。小组的成员们凑在一起开始讨论交流，设计了测量方案后到操场上实际测量，然后再思考更多的测量方法。同学们讨论出了足球滚动法、推锅盖法、步测法、卷尺法等多种测量方法。（连　洁）

## 011　科技幻想画

孩子们是天生的梦想家，他们的小脑袋里总有奇思妙想。老师鼓励他们用画笔把这些想法描绘下来，于是，会飞的鞋子、机器人保姆、海底别墅、自动整理书包机……一幅幅充满创意的科技幻想画诞生了。也许在不远的将来，这些想法都能实现。（连　洁）

## 012　数学建模让数学走进生活

速滑鞋应怎样选择最合理？商场返券究竟有什么奥秘？不同规格的书籍长宽比有什么联系？这些都是学生根据自己的生活发现确定的研究课题，并在研究的过程中尝试运用数学知识建立一个数学模型对问题加以解决。数学就这样走进了学生的生活。（姜国明）

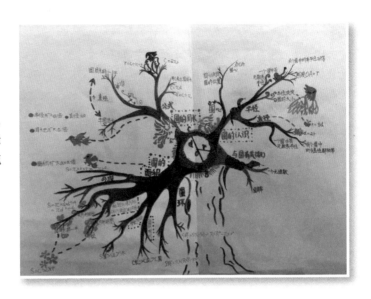

**013** 思维导图

思维导图是一个简单、有效、美丽的思维工具。老师指导学生运用思维导图梳理单元知识点。（连　洁）

**014** 厕所小报

清华附小根据每一个月的主题，在厕所内设计一些小报，比如卫生、科技、体育、阅读、节约、环保等主题的小报。学生手工制作的小报，也许会有错别字，也许有不缜密的表达，但我们认为，学生搜集、编辑、张贴这些内容，教育就发生了。经过者无论是匆匆一瞥，还是耐心品读，可能都会或多或少地了解到一些未知的信息，教育就又发生了……（朱立超）

**015** 我为附小设计地砖图案

附小有很多漂亮的地砖，你想过校园中的地砖一共有几种图案吗？它们是怎样排列的呢？你还能设计出其他图案吗？这就是数学课上老师布置给同学们的研究小课题。同学们不仅调查得清清楚楚，而且还设计出了荷叶地砖铺在华宇池的栈道上，设计出了旋风图案铺在小操场上，寓意同学们奔跑得更快更灵活。（连　洁）

## 016 你说，我听

课堂上时常有同学说"我有个疑问""我有个建议""我有个问题"等，教师由回答学生的问题转变为把学生提出的问题进行整理、归纳、筛选，引导学生自己解决这些问题，其间可能生成更高层次的问题，从而使学生产生学习探究的欲望。（王建刚）

## 017 问题探讨一对一

清华附小的"整合数学"倡导让学生"从头到尾地想问题"：发现问题、提出问题、分析解决问题。学生们往往提出很多个性化的问题，教师为满足个别教学的需要，提供了"问题探讨一对一"平台。学生向教师提出申请，预约时间进行一对一的交流，学生和教师讨论研究思路、方案，教师为学生答疑、解惑，提出解决问题的建议，鼓励学生不断探索新的问题。（汤卫红）

## 018 头脑奥林匹克大赛

清华附小的三支参赛队伍参加了第36届世界头脑奥林匹克中国区决赛暨第28届中国上海头脑奥林匹克创新大赛。早在备战过程中，三支队伍的小队员们就在解题技巧、创意设计、道具制作、团队合作等方面有了很大的进步。面对全国700多支参赛队伍，小选手们临危不乱，凭借精湛的知识运用能力、工程技术能力和创新精神，斩获《古怪的天气预报》一、二等奖。（连　洁）

019 英语单词大轮换

为了给学生做出良好的书写示范，同时帮学生更好地认读词汇，我将每一个要求学生会认会写的单词和短语的标准直写体贴到英语角里并定期更换，学生随时可以看到书写示范并记忆本单元正在学习的词汇！（王　洁）

020　奇思妙想

教师的鼓励换来学生的奇思妙想。二年级的学生学习乘法口诀，他们观察口诀的结果，发现了 5 的倍数特征，谁能说这不是数学家们走过的路呢？（许淑一）

021　乐在编创校园剧

六年级的老师着重通过排练校园剧的语文实践课程，使学生"学有兴趣"，先后指导学生自编自创了表达学生一日学习生活作息时间规律的《今日事，今日毕》，结合语文教材的课本剧《包公审驴》，倡导午餐节约粮食的《我光盘，我光荣》，古诗词吟诵剧《中秋话月》，校园健康剧《我健康，我快乐》……（王　君）

## 022　错误集锦

二年级的孩子在老师的帮助下尝试梳理自己的错误，尝试分析错误的原因。在这样的反思中，积累起学习数学的经验与方法，养成严谨的态度和反思的习惯。（许淑一）

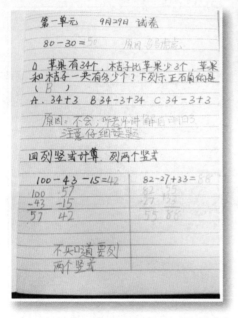

## 023　谜　语

小学阶段的数学学习不应该只是写写、算算，不应该只是少数人展示自我的平台，它应该是轻松活泼、所有人都能够参与其中的。于是，一排排色彩艳丽的谜语条出现在了楼道之间，清华附小中年段的学生们每到下课都会三三两两地围在一起，兴奋地猜着彩条上的数科谜语——要么仰头看题，要么冥思苦想，要么恍然大悟，要么奋笔疾书。每个人都参与，每个人都有收获。（易　博）

## 024　益智玩具

据英国皇家科学院研究发现，经常玩益智玩具的人，比不玩的人平均智商高出11分左右，大脑的开放性思维能力更强。七巧板、九连环、鲁班锁……这些中国古代益智玩具，再加上汉诺塔、魔方等玩具，走进了我们的课堂。学生们手脑并用，开发思维，培养合作精神，学习与人分享，语言能力、动手能力等都得到了提高。（唐小莉）

比一比纸有多长

为了在数学课上锻炼孩子们的动手能力，并且使其对长度有个形象的认识，我设计了用纸条做道具来比长度的创意数学课。课上开展小组合作，学生自己动手裁出纸条，并且用胶水粘接，看看哪组的纸条长。这不仅锻炼了他们的动手能力，更使孩子们在趣味学习中掌握了长度的相关知识。（张　静）

026 制作学具

小棒是数学教学中最传统的一个学具，特别明显的优点是满十进一，能够很好地凸显位值。但是在教学中，小棒在数形结合上的直观度是有所欠缺的。为了更好地帮学生观察数的结构，看出数的组成，老师制作了百格盘和小方块。学生能够通过摆一摆，数一数，更直观地去认识数。（易　博）

027 估算报纸字数

老师选用了字数比较多的一版报纸，让孩子们分组进行字数统计。

他们时而激烈讨论，时而分工协作，真是既锻炼了他们的团队协作能力，又使枯燥的数字统计变得更有趣味。分组统计完成后，组内选出代表到黑板前向大家介绍本组的统计方法和成果，孩子们又展开了激烈的讨论，辨析到底哪组的方法最好，最能快速得到接近正确的答案。（张　静）

数学老师在黑板的一角开辟了"数学广角"，每日出一些富有挑战性、开放性或趣味性的题目，鼓励学生们选做。每当老师张贴出题目时，那些小家伙儿就迅速跑到前面，抄下来，然后回到自己座位上认真地做。这一举措，满足了学生们的求知欲，激发了他们的挑战欲望和学习积极性。（张　强）

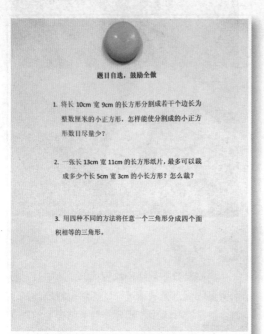

题目自选，鼓励全做

1. 将长 10cm 宽 9cm 的长方形分割成若干个边长为整数厘米的小正方形，怎样能使分割成的小正方形数目尽量少？

2. 一张长 13cm 宽 11cm 的长方形纸片，最多可以裁成多少个长 5cm 宽 3cm 的小长方形？怎么裁？

3. 用四种不同的方法将任意一个三角形分成四个面积相等的三角形。

### 029　小小联播大智慧

为了提高学生学习数学的兴趣和数学思维能力，二年级数学老师研讨决定，每天在新闻联播开始的晚 7 点钟，向学生发送一道数学思维提高题目。先由老师选择趣味题目，发给每班的家委会成员（主播），再由主播发到家长微信群，学生进行解答。家长和学生每天都在茶余饭后进行研讨交流，激发了学生学习数学的兴趣。（赵　静）

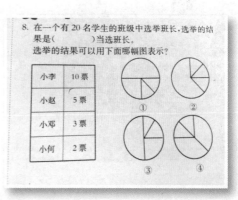

8. 在一个有 20 名学生的班级中选举班长，选举的结果是（　　　）当选班长。
选举的结果可以用下面哪幅图表示？

| 小李 | 10 票 |
|------|-------|
| 小赵 | 5 票  |
| 小邓 | 3 票  |
| 小何 | 2 票  |

① ② ③ ④

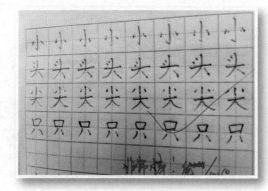

### 030　"起字头"

对于刚入学的一年级孩子来说，"一手好汉字"怎样练成呢？日常教学中，除了细致的写字指导，老师美观的范写很重要。附小一年级老师们一直保持着为每位学生"起字头"的传统（老师在田格本或生字本上的第一格为学生范写）。（朱丽玲）

　　数独游戏不仅能在闲暇时作为娱乐的工具，更能锻炼个人大脑思维的灵活度，提高逻辑推理能力和判断能力。附小举行了数独比赛，参赛的选手都是各班选拔出来的数独游戏高手，旨在让同学们在玩中学，学中思考。（连　洁）

## 二、合作形成合力

**001** 同伴交往

老师组织班级开展了同伴交往活动，请小朋友自制名片，可介绍自己的性格、兴趣、特点等，然后请三年级和一年级的小朋友相互寻找朋友，看看谁交到的朋友最多。（陈新蕾）

**002** 小组竞赛

班里组织开展了小组竞赛，组员们自主商量，为各自小组起别致的名称，鸳鸯、导弹、紫莞、璠城、ZYYF、娜嬛、嵐、HEFA、9等一个个奇特的小组名称经过组员的头脑风暴展现在星星榜上。每天从早到晚，各小组成员积极竞争与合作，你追我赶。擂台赛开始了！（陈　军）

**003** 设计队标

班级刚刚建立小队时，老师请学生为各自的小队绘制队标，及早形成各个小队的文化。小队员们出谋划策，绘制属于自己小队的队标。绘制活动结束后进行小队设计宣讲，并且张贴展示，让学生从一件小事中感受小队的凝聚力，体会小集体的力量。（陈慧娟）

　　同学们推测书法老师变懒了，依据是：她竟然不讲课了，全是同学们自己学！不信你看，最近的课是这样上的：同学自己观察范字；与同桌讨论如何书写范字；自己写一写；同桌之间互相交换，圈出写得最好的地方；根据同桌给自己的圈画，找出不足并改正；再交给同桌，让其找出不足点，再书写改正；展示并说一说自己和同桌的进步。课堂静悄悄地改变了，原来，书法老师并没有变懒，而是更加智慧了。（段娜娜）

005　师徒制

　　书法课上，老师提议推行师徒制。"三人行必有我师焉"，同学们之间互相学习，有互相激励的作用。小师父多了一份责任，小徒弟们进步飞快。老师还要给他们做一个"师徒联展"，激发更多的学生加入进来。（段娜娜）

006　改变从小组化开始

　　小组化学习是清华附小课堂教学的日常样态。学生在小组中相互讨论、相互学习、制订小组活动方案、商讨调查问卷的编写……各种有趣的学习活动就这样在小组中发生了。同伴儿有了学习上的困难，及时伸出援助之手，答疑解惑，疑问就这样消失了，友谊就这样建立了。（姜国明）

　　要想小组成员之间学会团结与合作，必须给他们指定一个可以达成的目标。为此科技组在教室里为学生们设立了"明星小组"评价一角，让孩子们每节课都有自己成长的目标，从而为了达成目标而努力、团结在一起。你想你们组成为明星小组吗？那就与组员一起合作，完成课堂教学任务，成为团队中有价值的一员。（李　强）

008　协商互让

　　二年级学生的成长主题是协商互让，怎样做到协商互让？其实并不难，当你愿意和小伙伴共同分享你最喜欢的一个故事，当你愿意把自己最爱的一本书让给别人先读，当……不知不觉中，二年级的同学们已经懂得了什么是协商互让。共同成长才快乐！（李　秀）

009　我是小老师

　　学校给了小榜样们一个为集体服务的机会——我也来当当小老师。自己进步了，也要帮帮身边的小伙伴。于是课间休息时，一帮一的小老师出动了，他们耐心细致地帮助小伙伴改错，还真有小老师的模样呢！（李　秀）

## 010  合理分组

小组合作是常态教学的一部分，如何根据学生的兴趣、性格、学习程度去分组，才能既发挥每个同学的特长，又增进同学之间友谊，同时保证课堂纪律？这就需要班主任深入了解每个学生的秉性，反复考虑，方可达到各方面预期的效果，同时赢得学生的喜欢和信任。（李秀玲）

## 011  漫画协商互让

进入二年级，学生已经产生了交往的需要，喜欢交往并渴望获得友谊。于是老师教学生们如何在交往中与他人合作，体会到合作的快乐、同伴交往的乐趣。老师还请同学们用他们最喜欢的画画形式，画下他们发现的协商互让故事，在观察、发现、赞美的过程中，完成自我教育。（连　洁）

## 012  分工合作画海报

快来画海报啊！只要你想参与，老师不会轻易对你说"不"。同学们各有所长，可以分工合作。你画画、我涂色，你写字、我剪纸，集体就是要这样各尽其能才能发展。（连　洁）

013 剪对称图形

学完轴对称图形，孩子们在老师的指导下用彩纸制作出自己喜欢的轴对称图形，并开展小组合作，组成一个创意图案。（吕　悦）

014 集字游戏

交往是每个孩子的内心需求，任何年龄段的孩子，都渴望得到别人的接纳、尊重与认可。为了培养学生与人交往的能力，"交往卡"集字游戏诞生了。与其说这是一次游戏，不如说这是一种课程。一张张被贴满的"交往卡"、一张张灿烂的笑脸交相呼应，他们从中学会了交往。（唐小莉）

015 团队合作

同学，同学，顾名思义就是"共同学习"。小组化学习为共同学习提供了空间，学生们一起合作，一起研究问题，互相帮助，共同进步，在团队合作中快乐学习。（唐小莉）

016 小组成果篮

　　四人一组，让学生们体会到了团结和分享的乐趣。为了让学生们凝聚在一起，我给每个小组分发了一个小组篮。它不是一个普通的篮子，里面可以放全组共享的胶棒、剪刀、小组积分卡、自我超越卡。这小小的篮子，凝聚了四个人一天的生活。我们生活在一起，我们学习在一起。（王娜娜）

017 小组成长记录本

　　利用学生未用完的作业本，改良为小组的成长记录本，提升学生自管自律的能力，引导学生互相提醒、共同成长。（申旭兵）

018 让学生在课堂上"活了过来"

　　一节语文课上，在对课文进行了预学汇报之后，学生们纷纷提出了自己的疑问，问题都很有深度，老师根据问题进行了编织，这和附小普通的一节课没有多大的区别。之后老师打乱现有座位，让学生们根据自己喜欢研究的问题自由结组。仅仅一个自主选择权的归还，就让孩子们彻底"活了过来"，孩子们的自主发现和补充精彩极了。（王　峰）

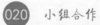

## 019 读后感漂流卡

老师为学生设计了漂亮的读后感漂流卡。在漂流卡上，会有一句关于读书的名言。小组的一个同学写完，就漂流到下一个同学手上。到学期末，每个人的书上都有其他同学的读后感。彼此分享，彼此快乐。（王娜娜）

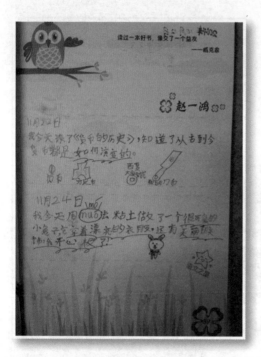

## 020 小组合作

在一（4）班，每个小组的桌子上都有组牌，上面有组员共同起的组名以及每个成员在组内的角色。小组合作是清华附小学生学习的重要形式，让学习更加高效！（王　露）

## 021 七巧板新创造

老师请同学们用彩纸剪出大大小小的七巧板，再小组内合作，拼出自己喜欢的图案。学生们动手又动脑，创新思维也大大提高了。（王玉梅）

**022** 和孩子一起做研究

看，这些孩子在认认真真地做研究呢！孩子们或观察，或测量，或记录，忙得不亦乐乎。老师则在一旁看着，高兴极了，有时会询问一下，有时也会指点一二，但更多时候会把主动权交给这些小机灵鬼儿，只因为相信他们！（张　强）

**023** 小助教

每一次健美操校队一年级小班训练时，都多了几个大孩子的身影——我请来的小助教。他们有的给弟弟妹妹们做示范，有的帮助检查动作，有的帮助纠正错误。在大孩子热情的帮助下，我更加轻松了，一年级的弟弟妹妹们进步更快了——大孩子们当小助教的动力也越来越足了！（张　忱）

**024** 识字小考官

经过一学期的学习，每个学生认识了多少汉字呢？学期末的分项考试开始了，老师请来三年级的同学来考查孩子们识字的情况，采取的是一对一考查的方式，班里的每一个学生都很认真地用右手指着字大声地念出来，遇到不认识的字时，监考官就会圈出来。根据认字的数量，学生会获得Ａ、Ｂ、Ｃ三个不同等级。每个监考官都很严格呢！（尹迎春）

　　科技嘉年华，是科技的盛宴，参加活动的学生，既兴奋，又好奇。看着身边的同学成了各种科技知识的专家，很多学生既羡慕，又充满了自信——在下一次活动中，也要给其他同学献上自己的科技研究成果。（文　敏）

# 学习乐趣

## 一、动手创造的精彩

### 001 纸飞机

纸飞机有规范的比赛规则，有飞行距离、飞行时间、外观创意等不同的比赛项目，甚至还有世界纪录。也许当学生看到我通过改变飞机尾翼的方向而调整了飞机的飞行路线时，他们才真正相信他们手中的已经不仅仅是玩具。我还设立"讲坛"让学生成为主讲人，为他们创设展示的舞台。（董建峰）

### 002 投石车比赛

为了参加朝阳区青少年未来工程师竞赛投石车项目，学生们利用休息时间进行制作和训练。最终，他们凭借自己的努力获得优异成绩。活动不仅培养了学生的科技创新精神，开发了学生的智力，更让学生充分展示了个性，发挥了主动性、创造性，激发了学科学、用科学的热情和兴趣。（董建峰）

### 003 数科实践基地

我们学校有四间空间不大，但风格迥异、各具特色的数科实践基地。孩子们总爱在这里流连，真正意义的学习就是从一粒小小的种子、一个个小小的花盆开始的……他们在这里观察、测量、研究各种植物和小动物，还完成一份份精彩的动植物成长记录单，从中习得了质疑、创新、求实的精神和科学研究的方法。（董　彦）

**004** 创意日历

　　新的一年又来到了，老师留一个有意思的作业：请同学们创意制作 2015 年的日历。同学们一听这个作业高兴极了，纷纷发挥想象动手做起来。瞧，光盘日历、恐龙日历、足球日历、花瓣日历等等，真是创意无限啊！（连　洁）

**005** 操作让知识鲜活起来

　　通过画出不同的正多边形沿直线滚动时圆心的运动轨迹，让学生明白了圆"一中同长"的特性；通过绕圆盘，让学生理解了正多边形的边数越多越趋近于圆的道理；通过运用圆形素材动手设计图案，让学生感悟圆的图形之美；通过制作"比例尺"理解图上距离、实际距离与比例尺的关系……通过让学生动手操作，知识就这样鲜活起来！（姜国明）

**006** 创意相框

　　学校发给每名同学一个简单的木质相框和一些贴纸，这是要做什么呢？哦，原来是请同学们发挥想象，动手制作创意相框。还等什么，快开始吧！我画、我剪、我贴，相框做好啦！（连　洁）

**007** 小苗遇见小孩

经过了平整土地、播种、浇水，可爱的小芽终于和大家见面了。"来，姐姐给你洗洗脸。""来，哥哥帮你伸伸腰，快快长。""大蒜，别装了，还是出来打个招呼吧！"……小苗遇见了小孩儿，不幸耶？幸耶？自有一番自在在心头。（李丽娜）

**008** 乐高小制作

乐高教育真正体现了"以学生为中心"的教育思想，激发学生的学习欲望，充分发挥学生的主体作用。学生在实践探究和小组 PK 赛中真正体验到了"做中学""学中乐""乐中学"。（董建峰）

**009** 足球日历

清华附小的综合实践活动提供了一个相对独立的学习生态化空间，学生们是这个空间的主导者，具有绝对的支配权和主导权。如他们相互合作，整合了数学、科学、艺术、语文等学科，制作了一个个精美的足球日历。在这个过程中，他们选择独立完成整个活动，而不是聆听教诲和听取指导。老师们在综合实践活动这个生态化空间里，只是一个建议者和旁观者。（刘　鸿）

010  送给妈妈一朵康乃馨

　　母亲节就要到了，老师教同学们自己动手制作一朵纸艺康乃馨送给妈妈。同学们制作得多精美啊！（连　洁）

011  数花生

　　数花生、计算花生总数的活动，培养了学生的数数能力、计算能力、统计意识，提高了学生的数学素养。同时，在活动中让学生体验与同伴一起学习的乐趣。（刘春节）

012  小魔毯

　　为了提高学生的动手能力，拓展学生的视野和知识面，我组织了小魔毯活动。活动中，学生通过观察发现了编织的规律，也懂得了怎样搭配色彩才漂亮。让细细的毛线在指尖穿行吧。（吕　悦）

## 013 几何折纸

几何折纸是培养学生动手能力，发展学生空间观念，锻炼学生意志品质的重要载体。老师带领学生从简单的几何形体入手，折出长方体、正方体、八面体等各种多面体，并用上各种颜色的纸，加上挂饰，就变成了艺术作品。学生用自己制作的作品装扮自己的学习场所，也可作为送给亲朋好友的礼物。数学、艺术、品德、交往等课程被整合其中，深受学生欢迎。（汤卫红）

## 014 环保时装秀

通过指导学生创作和 T 台展示环保时装，既提高了学生的环保意识，又提升了学生的动手能力和艺术创造力与表现力。学生们充分利用废旧包装材料、塑料袋、废报纸、旧蚊帐等材料，大胆发挥想象，尽情展现创意，制作出环保、时尚、活泼的服装，在轻松愉悦的氛围中向人们宣传环保知识，增强了变废为宝的资源回收意识，提高了审美修养。（汤卫红）

## 015 科技长廊

为了丰富学生的科技知识，提高学生的科技兴趣，学校开辟了科技长廊。学生来到科技长廊，在观察与动手操作中，丰富了知识，提高了动手能力。（文　敏）

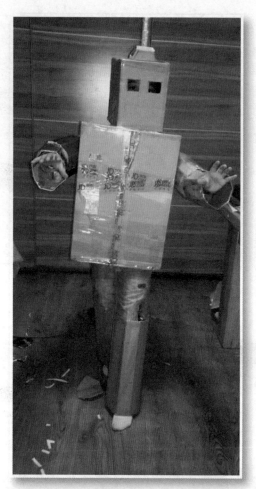

**016** 戏剧服装我来做

为了更好地进行课程整合，结合 DI 课程中制作环保服装的经验，我与学生一同制作戏剧课程中的部分服装。我还利用量一量、测一测、画一画等手段，逐步引导学生初步感受比例。（易　博）

**017** 纸牌大厦

一张张小小的纸牌，成了同学们手中益智和创造的工具。纸牌可以折、可以撕，但不能借助其他任何东西。比一比：哪个组搭得最高？同学们神情专注，小心翼翼，"我们组搭得最高！"大家都露出了满意的笑容。（王玉梅）

**018** 动手做，玩中学

在科学课堂上，同学们动手做，玩中学，既锻炼了动手能力，也锻炼了动脑能力。老师还鼓励学生废物利用，如利用矿泉水瓶、易拉罐进行动手实验，提高学生的节约意识、环保意识。（文　敏）

**019** 学做七巧板

小小七巧板，蕴含大奥秘。发源于中国的七巧板又称"东方魔板"。和我们一起制作属于你自己的东方魔板吧！（昝玉静）

**020** 栽培植物

随着"1+X课程"建构与实施的深入，清华附小在数学与科技学科之间进行了大胆的整合尝试，让学生小组合作栽培植物，进行小课题研究。学生通过收集数据、分析整理数据，在观察与对比中感受植物生长的快慢规律、了解影响植物生长的因素等等，同时感受生命力的强大与生命创造的奇迹。（尹红丹）

**021** 小小版画操作台

为了让学生多接触不同的艺术形式，激发学生学习的热情和动力，让学生了解版画的表现形式和制作手段，美术老师在美术教室开辟了一个小小版画工作台，提供给学生版画机、油墨、木刻刀和板，让学生在这个小小的空间里尽情地创作。（张　静）

022 "比如世界"中的生动体验

　　清华附小的老师和学生们一起走进了"比如世界"，每个小组有一张"实践课程记录表"，小组长负责记录每人每项收入与支出情况。这次的"比如世界"之行让学生玩得开心而有意义，他们在游戏的过程中初步学习了理财，懂得了"付出才有收获"的道理，同时也提高了自我管理能力，增强了社会责任感。（赵　静）

023　魔方实践活动

　　张老师请来北京市三阶魔方速拧冠军姜天兆，带领学生们用六百多个魔方拧成特定的颜色，利用魔方的颜色来构造人物图像。这次魔方实践课，训练了学生的眼力、空间判断力、右脑能力、注意力、反应速度等等。（张文强）

024　好玩儿的拼图

　　"X课程"的数学游戏为孩子们提供了拼图，培养孩子的观察能力、手眼协调能力、逻辑思维能力、局部与整体思维能力等。（赵　静）

**025　小纸袋**

　　"现在爸爸妈妈的发票、单据和我的小卡片都有去处了！"学生制作完纸袋后，高兴地说道。为了提高学生的动手操作能力，我组织学生们制作纸袋。他们制作的纸袋，不仅可以用来装自己的零碎物品，还可以送给爸爸妈妈整理杂物。（杨雅辉）

**026　树叶拓印**

　　以树叶为载体的秋天主题教育课程在一（1）班如火如荼地开展起来，树叶拓印是创新与实践课的重要部分。孩子们在收集树叶、观察树叶、动手操作等过程中，于做中学，感受自然的神奇和艺术的魅力。（朱丽玲）

**027　九连环微课程**

　　九连环是中华传统益智玩具。我根据三年级学生的特点，整合游戏与数学，用两周的时间实施微课时教学，通过自主探索、发现规律、分享经验、同伴互助、口诀创编、实践感悟等方式形成学生喜闻乐见的游戏探究课程。（汤卫红）

## 二、添加生活超链接

001　吃金桔，写金桔

　　仔细观察是写作的基础。在写状物文章前买来金桔，指导学生认真观察它的颜色、形状，细心品尝它的味道，然后小组交流，老师再进行写作指导。（耿海燕）

002　探索自然

　　秋高气爽，阳光明媚，老师带着学生们来到花卉大观园，观察各种有趣的植物，记录它们的特点。大家写的写，看的看，忙得不亦乐乎！其中一个学生说，他最大的收获是看到了传说中的猪笼草！（黄　静）

003　跟着老师逛北京

　　跟着老师逛一逛北京吧，我们一起走进博物馆，走进胡同，感受北京的悠久历史，感受首都的文化内涵。（李红延）

004 豆宝宝成长记

学科知识与生活的整合是附小特别重视的。因此，在学习了《豆儿圆》一课后，二（2）班开展了"豆宝宝成长记"的实践活动。同学们从科学的视角，观察豆子发芽、一天天长大的过程。同学们通过这个活动，了解了植物生长的轨迹。（李　宁）

005 丰收时节

等啊！盼啊！浇水啊！除草啊！终于等来了这一天！亲手采摘自己的劳动果实，兴奋之情溢于言表！地里收获的大部分菠菜送给了学校，第二天全校都喝到了鲜美的菠菜汤。还有一小部分菠菜被学生们带回了家，做成各色美食。（李丽娜）

006 估计黄豆的数量

这是三年级的一节数学课——估计大数。为了让孩子们获得估计大数的真实体验，老师到菜市场买来了 10 斤黄豆，平均每组分到 1 斤左右。能猜到黄豆为什么放在衣服上吗？你能想到几种方法估计出 1 斤左右黄豆的数量？（李丽娜）

**007** 为你推荐假期科技社会实践路线

假期里，是不是在头疼去哪里呢？别着急，清华附小的科学老师根据学生的年龄特点，分年级为同学们推荐了一条北京市内科技馆、博物馆的线路，同学们走起来呦！

（连　洁）

四年级

汽车博物馆

推荐理由：从世界上第一辆汽车奔驰一号到被称为"世纪之车"的福特T型车，从最早进入中国的慈禧用车原型杜瑞亚到前苏联送给毛主席的吉斯110，再从中国红旗系列到上海系列等诸多具有历史意义的"古董车"，可让你一次尽收眼

**008** 开　荒

这是哪儿？这三个人是干什么的？看样子不像专业农民。这里是清华附小大操场北面的一块儿"自留地"，这三位是清华附小四年级的教师。刚过完一个暑假，孩子们种的"农作物"被疯长的荒草覆盖了，三位老师利用中午休息时间来"开荒"。（李丽娜）

**009** 小小限号表

北京市颁布新的机动车限号制度后，老师带领学生一同探讨限号表上的数字奥秘，并开展了"送给亲爱的＿＿＿＿的限号表"制作活动，寓教于乐，将学科内的认识数字、统计、数字规律等知识相融合，并在制作限号表中融入美术、语文、感恩教育等多学科内容。

（张誉鑫）

010　走进农业嘉年华

　　清华附小昌平学校的师生来到北京农业嘉年华，沐浴在阳光下，共上综合创新实践大课。（连　洁）

011　为植物挂身份证

　　先要区分植物的种类：梧桐树、杨树、丁香、玉兰……再找到位置，然后把身份证挂在上面。同学们在老师的带领下观察、讨论，甚至拿书上的图片进行比对。瞧，一棵棵植物有了身份证！（连　洁）

012　分月饼

　　在中秋节当天，三年级师生一起开展了"欢度中秋，巧分月饼"的活动。课堂上，学生先进行分法的讨论，再动手分一分，在实践中积累数学活动经验，认识分数，体会分数的意义。课后品尝月饼，学生们真切体会到数学与生活的紧密联系，品尝到自己的劳动成果。（刘春节）

013 为孩子建立气象站

气象站，孩子可以在这里记录湿度、温度、降雨量、风速、气压、风向等等，最后得出科研报告。数学与科学的整合，在这里展现得淋漓尽致。（隋敏芳）

014 水培种植

水培种植是"生命与生长"主题下开展的一项小课题研究，将变化与增长的数学思想、小数的认识、图表的使用、关系的表达等内容自然融合。学生在教师的指导下兴奋地用统计表、统计图表示小苗的生长变化。两周后像模像样的研究报告呈现在全班面前。（汤卫红）

015 端午节包粽子

端午节是我国的传统节日，一年级的学生跟老师和部分家长学习了端午节的不同习俗，并一同包粽子、吃粽子。整个活动现场都散发着浓浓的端午节氛围，孩子们开心地笑着，与同伴交谈，与老师合影。（赵 静）

**016** 寻找春天

　　春天到了，我让孩子们仔细观察春天，用自己的方法留住春天。他们走到清华园里，到大自然中寻找春天，学会观察，动手实践。生活真美！（盛　婕）

**017** 贴心小厨师

　　"你做的什么？""蛋挞。""真厉害！"……我刚跨进教室，就听到班里此起彼伏的赞美声。原来，班里开展了小厨师活动，同学们在询问十一期间对方的做菜情况和炫耀自己的劳动成果。活动中，小厨师将自己亲手制作的美味食物送给最亲爱的爸爸妈妈品尝。每个学生的脸上都洋溢着快乐的笑容。（王　艳）

**018** 春分竖蛋

　　春分到了，老师引导大家玩春分竖蛋的游戏。同学们把鸡蛋买回家，尝试着把它们竖立起来。同学们明白了"只有坚持，才能取得成功"。（王娜娜）

塑料在自然环境中经几百年也不会腐烂或被大自然消纳吸收，造成了严重的白色污染。我结合降解塑料的知识，引导学生进一步认识可降解塑料，提高学生保护环境和人类文明的意识，增强学生的社会责任感和参与意识。（文　敏）

020　秋天的故事

在秋天，我们和叶子游戏：寻找最美的落叶，制作叶画，打叶子仗，拔根大赛，树叶迷宫……大自然是最好的老师。当我们向上抛起树叶，和秋天说再见的时候，眼睛里充满了感动。（许　剑）

021　马约翰书签

六（4）班是马约翰特色班，班里用的书签，是学生自己做的马约翰小知识书签。老师鼓励学生自己画书签，然后老师用相机拍下来，到打印店打印出来，再用裁纸刀裁成一个一个的书签，分给学生们，让学生在看书的时候用着自己做的书签。（许长亮）

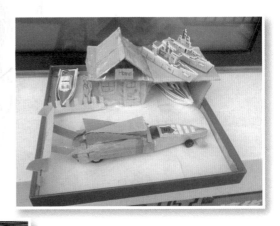

**022　月饼盒的变身**

六（4）班的窗台上，摆着一些特殊的手工作品，仔细一看，是用月饼盒做的。班主任老师鼓励学生用废旧的月饼盒做成手工作品。这些作品既环保，又锻炼了学生的动手能力。（许长亮）

**023　废旧纸筒再利用**

为了增强学生的环保意识，我将平时卫生间所用的卫生纸筒收集起来，废物再利用，在美术课上让同学们在上边进行创作。废旧的纸筒马上就变成了独一无二的艺术品啦！（张婷婷）

**024　石榴红了**

你见过清华附小CBD校区的石榴树吗？一到夏天，那火红的石榴花啊，像一只只小手召唤着学生们。学生从夏天盼到了秋天，其间还了解了石榴的种类、产地、价值、栽培知识等等。终于等到石榴红了，老师一声令下，哇，摘石榴啊！嘘——我们还要写诗呢……（赵红霞）

### 025 花生中的学问

摘花生的活动，让学生在亲近自然中感受学习与生活的联系，体会生活处处有学问。老师还联系《落花生》一文，给学生们讲解花生的特点、品格，鼓励他们做花生一样的大写的人。（赵　静）

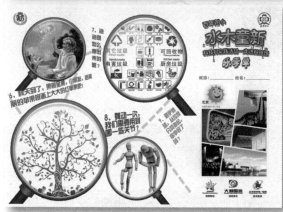

### 026 社会大课堂的乐学单

无论是走进中国科技馆，还是走进"比如世界"，附小的老师们都会事先研制一份乐学单，让学生在走进大课堂之前有知识与心理的准备。老师们注重将有限的教育时间拉长，将物理教育空间扩大，将教育的内容在点点滴滴中一一落实，转化成学生成长的营养和前进的坚实台阶。（朱立超）

### 027 我的祖先这样写名字

一（1）班教室里，语文老师抛出一个问题：祖先怎样写名字？课后，每位同学都领到一份印有自己姓氏的甲骨文或是金文学习单，他们自由装饰后在全班展出。让孩子从自己的名字出发，和其他同学相互交流，寓教于乐，促使他们感受和了解汉字的起源。（朱丽玲）

　　学生亲手种植的小菜地又迎来了小白菜的大丰收，带回家做菜？送给学校做汤？正赶上"六一"义卖活动，我们卖菜吧！怎样才能把菜卖出去呢？如何定价？怎么包装？这里面大有学问！（李丽娜）

## 三、多一把尺子

001 明星小组评比

音乐教室的黑板上和门上各有一个评比栏。每节课，我都要针对每个小组的表现进行评比，得到三颗星的小组可以在"明星小组评比"栏中为自己的小组贴上一颗代表胜利的小笑脸。大家都铆足了劲要为自己的小组争荣誉。（邓曹爽）

002 《我是演说家》模仿秀

清华附小《我是演说家》模仿秀第一季重磅来袭！经过前期的班级展示和推荐，产生了42位候选人。这一活动，进一步增强了同学们课前三分钟演讲的热情、热爱读书的热情，也为更多清华少年练就一副好口才搭建了舞台。（贺　洁）

003 创意设计奖章

师生共同协商，制定出班级公约，明确了"努力让自己在某一方面成为大家的榜样"和"遇到困难时能努力克服"等自强目标。有了这样

的目标，老师们又建议学生自己设计"自主、自律、自强"奖章，每月月底评选出表现突出的学生。如此一来，各班的纪律有了明显的好转。（黄　静）

**004** 独具个性的奖励

清华附小给学生发的奖励中最有影响力的是校长奖。奖状是校长亲笔写的，内容都是针对获奖人的具体描述和肯定。它不是社会上那种简单印刷品。校长颁奖词既是肯定，又像在聊天，聊学生行为中值得学习的精神和品质。（梁营章）

**005** 集印章可免试

在某单元的学习过程中，学生可自行找老师进行背诵，合格的同学可以在课题处得到一枚大拇指的印章，到本单元口试时如果集齐三枚印章即可获得免试。此法大大提高了学生们的积极性，上课效率明显提高。背诵课文也可以变得如此有乐趣！（赵若冰）

**006** 亲近南瓜奖

在我们班，哪个小组受到坐姿端正、言行得体等方面的夸奖最多，我就会奖励他们。我们班有很多种奖励人的方法，亲近南瓜奖是小朋友最喜欢的一种。除了亲近南瓜奖，还有护花使者奖等。（张雪峰）

## 007 个性平台

每一个孩子都是充满生命力的个体，孩子要进步要生长，我们做教师的就要适时地为他们搭建成长的平台。在五（2）班，无论你是喜欢艺术还是运动，你是爱好钻研还是勇于接受挑战，都会有各种展示的机会。多一把尺子，就多一个健康、阳光、乐学的孩子。（李红延）

## 008 优秀小组

班级内评选优秀小组，看看颁奖词你就知道评选标准喽：他们健康，课间操时个个都是锻炼身体的小标兵；他们阳光，关心身边的同学，关心集体的大事小情；他们乐学，课堂上总是那么积极活跃、聪明机敏、思维活跃，不放过任何一个锻炼各方面能力的机会。再给五组一些时间，相信他们会做得更棒！（李　秀）

## 009 期末乐学嘉年华

清华附小低段的期末评价，以核心素养为导向，把语文、数学、英语等各学科素养融入生动、轻松的游戏大情境，又把知识能力与生活运用相整合，与表达沟通、言行得体等综合素养相整合，既轻松活泼，又体现小幼衔接的理念。（连　洁）

**010** 成长护照

清华附小为每一名同学设计了一至六年级共六本成长护照，包括入学护照、启程护照、知行护照……一本本护照，记录学生的成长历程。（梁营章）

**011** 太阳花评价牌

老师为学生设计太阳花评价牌，学生可在中心贴上自己的照片，每个孩子就像一朵盛开的小花。可以在花瓣上贴上小奖贴，根据每组得到的奖贴总数决定哪组的小火车做本周的火车头。（吕　悦）

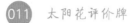

**012** 我的火车长又长

为了调动学生们对计算的热情，班级中开展了"我的火车长又长"的评比，只要孩子们作业中的计算全部做对，他或她的小火车就可加上一节小车厢。这样的奖励促使学生养成了认真计算的好习惯。（王宁宁）

### 013 小小名字贴

为了激励孩子们早日养成好的习惯，每个人的面前都有一张名字贴，上面写有孩子的名字，还有很多用红笔画的小星星。小小名字贴的作用是让孩子们能在每个星期调整完座位以后，在下个星期一早上迅速找到自己的位置，然后进入早读状态；记录他们每个星期的成长轨迹，激励他们向榜样看齐。（王　婧）

### 014 期末拍卖会

每到期末，我会为学生举办拍卖会，目的是鼓励学生，认可学生，使对学生的过程性评价化为最终的鼓励。谁的作业获得的印章多，谁在拍卖会上就越有实力，就能拍到比较珍贵的东西。一个学期的美术课在快乐声中结束。（聂　焱）

### 015 赠送书法

我喜欢书法，有了感觉，突然兴起，就会为学生题字，送祝福，或写上期望与建议，鼓励学生改正自己的缺点。学生看着老师写字，也是一种学习，能感受书法的气息及韵致。（聂　焱）

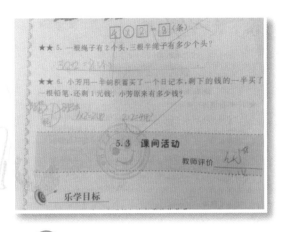

## 016　批改中的交流

学生打开自己的作业，她的眼前会浮现出老师的样子，进而可能回忆起自己的学习过程，还可能不断积累起自己继续学习的信心和勇气。（许淑一）

## 017　纸工奖励

要想在美术课上得到奖励，课上就要积极动脑、大胆创意、认真画画，下课还要收拾干净自己的桌子，快速到门口站队。养成良好的习惯是成功的第一步，只有最快且整理得最好的同学才能得到奖励，奖励就是同学们都很喜爱的纸工材料哦。（杨雅辉）

## 018　给单元卷写评语

为了使学生更有针对性地分析每个单元卷的错误原因，使家长了解学生的表现，每学期我都会根据几个重点单元的单元卷对每一个孩子进行逐一点评和留言。同时也对该生阶段性的表现进行点评，提出希望和鼓励。（易　博）

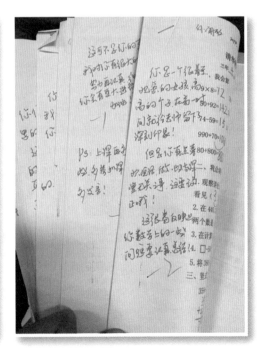

019 **奖励字卡**

在二（5）班的教室里，四周的墙上贴满了各种各样的字卡。这是一种特别的奖励。老师每天会给表现好的或是有进步的孩子发一张字卡，卡上的字是语文教材里已经学过的课文中的生字。孩子们用喜欢的彩笔给字卡涂上颜色，这样，一张张五彩缤纷又独一无二的字卡就做好了。每天的课间，总能看到字卡旁边站满了人，有的在认字，有的在欣赏别人做的字卡。每到这个时候，做字卡的孩子心里别提多高兴啦。（俞　璐）

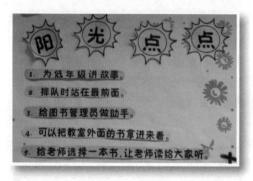

020 **阳光点点**

在我的班里，如果一个孩子表现好，是给小贴画奖励，还是发小奖品呢？都不是。在教室最醒目的位置，洒落了这样的"阳光点点"，表现突出或有进步的孩子有权利选择其中的一项作为对自己的奖励。（俞　璐）

021 **小奖票，大作用**

学校和同学们一起设计了健康、阳光、乐学的金、银、铜奖，并设计了一个兑奖地图，让学生的终结性评价变成过程性评价。伴随着金奖的积累，同学们还将获得更有个性化的成长梦想奖励。（朱立超）

在百天坚持好习惯活动中，同学们发挥创意设计出了好习惯记录卡。老师们充分肯定他们的创意，尊重他们制定的目标。完成了自己的目标就是成长！（连　洁）

# 学习志向

## 一、掌声响起来

**001　慧眼识珠**

　　老师要成为学生的伯乐，慧眼识珠，让有特长的学生发挥自己最大的潜力，并带动班内同学的学习。比如，班级中有的同学擅长绘画，板报的设计、班级的布置都可以让这位同学负责，本不喜表达的孩子越来越有进步了；有的同学是电脑爱好者，班级就有了自己的计算机管理员；还有的同学喜欢摄影摄像，就为附小百年制作了微电影。（陈慧娟）

**002　给孩子提供飞翔的机会**

　　新浪教育盛典、搜狐教育盛典、京华教育盛典……近年来，学校为孩子搭建了诸多"高大上"的舞台，让孩子们找到属于自己的天空，展翅高飞。（代养兵）

**003** 班级书法展台

结合班级的书法练习氛围，在书法练习台上方，我为学生常设书法展览墙，以此激发学生练习书法的兴趣，也为书法进步大的学生搭建展示的平台，同时为班级文化注入传统书法艺术的韵味。（窦　旭）

**004** 在戏剧里成长

"迎百年，庆六一"，清华附小的同学们在新清华学堂举办了主题为"戏剧，儿童的第二重生活"的第 40 届艺术节主题戏剧展演；与此同时，在清华附小会议室召开了"1+X 课程"戏剧课程研讨会，多位专家分享戏剧课程的成果。（韩　冬）

**005** 提供平台

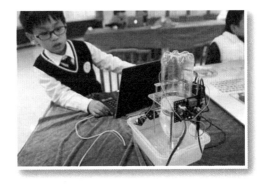

一次偶然的机会，科技组的老师发现一名同学把自己的作品展示在了学校的舞台上，于是对他进行了鼓励，并把他的作品送到了北京市科技创新大赛的舞台上。一次偶然的发现，给了学生一个展现自我的更大平台。（李　强）

**006 班级音乐会**

每学期末，音乐老师都会为每一个班级举办班级音乐会，给学生提供展示自我的舞台。（李宝仓）

**007 发明墙**

科技组为孩子们在校园里开辟了发明墙，学生可以随时取走发明单，并且把自己写好的发明单放回去。这为孩子们搭建了一个自主创新的平台，为创新提供可能。（李 强）

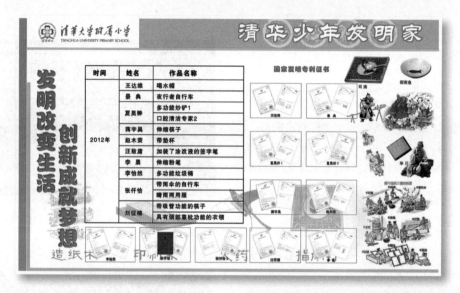

**008 书法墙**

为给学生展示自我的空间，丁香书苑在书法教室的一面墙壁上开辟出书法墙，把学生的优秀作品展示出来。欣赏，也是一种学习。（贺军峰）

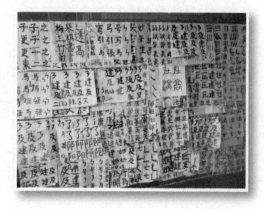

009 **精美的戏剧海报**

　　戏剧展演就要开始了，老师们精心制作了本班的戏剧海报，并将之张贴在校园里，宣传剧目，吸引观众，给这些爱好表演的同学更多的展示平台。（连　洁）

010 **《水木童心》**

　　这是专为同学们量身打造的一本杂志，基于"让儿童站在正中央"的理念，每一板块的设计都为受众留有最大的发挥空间。这里是孩子们温暖的家园，盛满了孩子们的倾诉，盛满了孩子们的感悟。（贺　洁）

## 011　自编自演戏剧

　　儿童读物《玛蒂娜》的新书发布会在清华大学附属小学召开，主题为"给孩子一个更好的世界"。老师和戏剧社团的学生们一起自编并表演了《玛蒂娜的生日礼物》这个故事。学生们以精准细腻又不乏艺术感的语言、动作和神态创造了一个令人向往的世界，赢得了现场观众的阵阵掌声。（连　洁）

## 012　我来主持家长会

　　家长会由同学们来开，你听说过吗？我们班的家长会就是这样召开的。每个学期末，由同学们选出在各项活动中表现突出或有很大进步的同学，让他们在家长会上总结本学期的工作。这不仅是对同学们的锻炼，也是一种对他们努力学习的奖励形式。（连　洁）

## 013　爱画画的孩子

　　班里有个很有画画天分的孩子，就喜欢拿着笔到处画。作业本上，语文书上，课桌面上，他都可以进行创作。无论上课还是下课，他随时都会创作。老师想与其禁止，不如引导。于是老师鼓励他承担起班里画海报、板报、插图等工作，这不仅让他的爱好有了发挥的平台，而且对其画画的内容和时间都可以进行管理。（连　洁）

## 014　我是小小摄影师

有几个奇怪的同学，他们每天背着相机来到学校，一到课间或者班级活动时间，就自由出入场地，照个不停。哦，原来他们是班级的小摄影师。在附小，老师会给有兴趣有特长的同学提供帮助，他们可以得到专业摄像老师的指导，可以跟随摄像老师在校园的各个角落实习。羡慕吧？
（连　洁）

## 015　武术小子

这是武术校队第一次代表清华附小 CBD 校区参加武术比赛，场上他们认真投入，场下他们快乐玩耍。在队员们奋勇拼搏下，武术校队最终取得了不错的成绩——朝阳区中小学生武术比赛小学组集体套路第三名。（马全闯）

**016** 数科一角

　　教室内的每个角落都是重要的教育资源。教师和学生精心策划的"数学与科技"一角就是学生展示自己的探究成果、作品的舞台。学生的单元梳理小报、数学日记、数学漫画、立体模型、小课题研究报告、实践创新作品等都可以及时得到展示。（汤卫红）

**017** 水木秀场，我秀我精彩

　　在这里，老师是幕后的服务者，主持人是学生，主讲人是学生。校园里有从水木秀场走出来的满世界捉虫的小达尔文、矿石达人、漫画达人，学生的兴趣特长不仅没有影响学生的学习，还促进了学生综合素质的发展。（梁营章）

**018** 激动人心的表演

　　记得这是他们第一次穿着正式的演出服登上舞台。在老师不断的鼓励和指导下，武术社团的孩子们完成了精彩演出，并得到了同学们和老师们的一致赞扬。相信他们会越来越棒的！（马全闯）

019 国旗下讲话

国旗下讲话是对学生进行锻炼的良机，一定要牢牢把握。虽然从练习到正式登场只有一周的准备时间，但每一个学生都在不同程度上得到了提高和锻炼。看，台上的学生们是多么自信、阳光！（王杰红）

020 个人钢琴音乐会

范沐涵在学校水木秀场的课堂上举办个人钢琴音乐会，我如醉如痴地欣赏着他的演奏，眼前浮现出三年来他热爱钢琴演奏的场景。我为他献花、喝彩，与他合影、拥抱，他也向我深深地行了鞠躬礼，一切感谢尽在不言中。（王　君）

021 合唱节

合唱节中，三班学生有幸得到登上六一大舞台的机会。他们认真准备，反复练习，最终以精彩的表现赢得了观众热烈的掌声。学生们也情不自禁地扑到老师的怀里，用这种方式表达对老师的感谢。（王杰红）

022 小小戏剧家

　　孩子们如此热爱表演，他们是最出色的演员，老师发现后，放手让孩子们自己创作、组织、排演，一场场精彩的演出开始了。孩子们自然、纯真、本色的表演得到了大家的喝彩，他们有了展示自己的舞台。（王玉梅）

023 "艺术的童年"画展

　　在清华美术学院举办的附小学生"艺术的童年"画展，是学校为学生搭建的一个平台，展示了学生绘画、书法、工艺等方面的作品。在展览上看到一张张动人的孩子们的作品，老师们心中甚是欣慰。（张　静）

024 经典诵读展演

　　我班的同学们代表我校参加了"千古文章，千古绝唱"朝阳区第三届学生经典诵读特等奖作品展示活动，展演了经典诵读《满江红》。在所有演出的人员中，我们的孩子年龄最小，且是第一次参加诵读展演，但是他们的表现堪称完美！（张　忱）

025 艺术节比赛

　　每一年的 10 月中旬到 12 月初都是我们老师最忙碌的日子，这个时候是海淀区艺术节的比赛时间，需要录入大量的名单并核对，唯恐漏掉一个学生。老师们也会利用中午休息和课下时间辅导这些参赛的学生。辛苦自不必言，但收获的喜悦也是溢于言表的，学生的一张张作品是给艺术老师的最大奖励。（张　静）

026 搭建作文平台

　　兴趣是最好的老师，为了提高学生的写作热情，我们重视给学生们创造平台，鼓励他们参加各类作文比赛，或者把他们的习作推荐给各类报刊。（张文强）

**027 国学展示**

四（6）班学生以热爱吟诵、热爱国学著名，老师也注重为学生寻找平台，提供展示的机会，以争取更大的收获。目前学生已经参加过海淀区吟诵培训展演、搜狐掷地有声开场表演、升旗仪式展演、水木秀场展演等。（张文强）

**028 暑期秀场**

暑期，是同学们参与社会实践、培养自己文体特长、旅行的好时机，在暑期秀场上，同学们把自己丰富多彩的暑期生活展现出来。（薛 晨）

**029 歌剧《飞跃千里的爱》**

《飞跃千里的爱》是老师和合唱团的同学们利用课余时间自编、自导、自演、自创的歌舞剧。剧中的故事发生在内蒙古大草原，全剧以"爱"为主题，包括母亲对孩子的爱，孩子对母亲的爱，少年儿童对动物、对自然的大爱……这部歌舞剧在北京市第十七届艺术节歌舞剧比赛中荣获一等奖！（张 叶）

030 《歌声与微笑》

元旦期间，我校合唱团同学应邀参加中央电视台《歌声与微笑》的演出，演唱了少儿歌曲《喜羊羊与灰太狼》。演出过程中，同学们歌声甜美，犹如天籁，边唱边舞，表现精彩，得到了中央电视台导演的好评。（张　叶）

031 难忘的音乐会

CBD校区合唱校队的同学参加了2014年首都学生演出季合唱专场演出，在中山音乐堂举办了自己的专场音乐会！音乐会上，同学们演唱了七首中外歌曲，他们天籁般的歌声和充满童趣的表演赢得了观众们的阵阵掌声。（邓曹爽）

032 歌舞书画《读唐诗》

清华附小合唱团的60名同学参加了首届"中国电视书法大赛"颁奖晚会节目的录制。我校合唱团演唱了歌曲《读唐诗》，歌声有如天籁，场景古色古香，把观众带入如诗如画的意境中。同学们用自己的歌声赢得了大家的赞美，体现了我校学生的健康、阳光、乐学。（张　叶）

## 二、让兴趣的种子发芽长大

**001** 板球社团

    学校组建了板球社团，百年附小终于有了适合女同学的、身体接触较少的集体对抗项目。我们带领孩子们刻苦训练，在全国比赛中屡获佳绩。（车立强）

**002** 合唱校队成立

    2012 年 10 月，CBD 校区合唱校队正式成立了。这些喜欢歌唱的同学们在老师的带领和指导下刻苦训练，努力提升自己的演唱水平和艺术修养。他们还代表学校参加了一次次的演出和比赛，为学校争得了不少荣誉。现在，合唱校队的规模越来越大，水平也飞速提高。愿参加合唱校队的经历给同学们的七彩童年留下最美好的回忆。（邓曹爽）

## 003  微电影制作

我们生活在一个影像的时代，iPad、智能手机等具有移动拍摄功能的设备，在生活中随处可见，我萌生了让学生用 iMovie 软件制作微电影的想法。孩子们选择主题、编写分镜头脚本、拍摄素材、编辑制作、汇报展示，尝试了导演、编剧、演员、剪辑师、配音师等多个角色。每个小组都合作完成了一部他们自己的微电影。（董建峰）

## 004  机器人社团

在清华附小 CBD 校区机器人社团中，有一群可爱的孩子，他们善于发现，勇于探索。生活和学习中的一些事情，他们总是想利用机器人来实现。（韩　策）

## 005  培训小指挥

培训班级、校级小指挥，看着他们成长，是我最大的乐趣。（李宝仓）

**006  CBD 校区足球社团成立**

CBD 校区足球社团成立了，每天放学，都可以在操场上看到一群热爱足球的孩子们在老师的带领下进行足球训练。他们挥汗如雨，辛苦地练习着，但是他们都非常快乐。愿足球伴他们健康、快乐地成长。（李佳宁）

**007  足球展示墙**

在 CBD 校区足球社团成立之际，教练精心设计了属于足球社团自己的一面墙壁，上面记录着足球社团的点点滴滴，记录着他们之间发生的每一件事，孩子们也会用自己的实际行动将这面墙填充得越来越满。（李佳宁）

**008  乐高小组**

六（4）班的窗台上，摆着很多有趣的乐高玩具人物。开始，只是几个同学将自己的乐高玩具带到班里来，后来老师鼓励孩子们组建乐高小组，大家一起分享。他们还给低年级的学生讲乐高的知识，锻炼了演讲能力和自信心。（许长亮）

**009** 胜利属于我们

　　暑假期间，教练带领足球社团参加了北京市百队杯的比赛，在比赛中孩子们奋勇拼搏，展现出了附小人的坚强作风，最终取得了大队第一名、小队第三名的好成绩。（李佳宁）

**010** "青苹果乐队"

　　根据男孩子们的特点，老师在班里组建了"青苹果乐队"。他们利用课余时间交流对音乐的热爱，排练了多支曲子。平时，他们为低年级和本年级的同学表演；在毕业典礼上，他们用深情的乐曲向母校告别。（李红延）

**011** 摄影社团

　　为了培养孩子们的兴趣，学校开设了摄影课程。摄影入门、摄影技巧、摄影构图等是孩子们研究的重点，他们共同讨论，共同学习，相互研究，以提高拍摄技术，提升审美素养。（李　杨）

## 012 武术校队成立

武术校队正式成立了。爱好武术的孩子们在老师的带领和指导下刻苦训练，努力提升自己的武术运动水平，在代表学校参加武术比赛，为学校争得荣誉的同时，担负起弘扬和传承中华传统武术精神的重任。（马全阁）

## 013 开始学兵器了

记得这是他们第一次手握兵器，每一个人看上去既兴奋又有点儿胆怯，想拿又不敢去碰触，生怕它会伤到自己和同学。但是在老师的鼓励和指导下，他们慢慢地和自己的兵器做起了朋友，相信他们能够很好地驾驭它们。（马全阁）

## 014 管乐团

每周一的升旗仪式，总有那么一群孩子为全校师生演奏。为配合升旗及学校的重大接待活动，孩子们牺牲了自己的休息时间，春夏秋冬每天准时参加排练。每个人身上都体现着清华人的敢当与负责。这就是清华附小管乐团。（邓　伟）

015 "紫星星"编辑部

根据班级学生的特点，老师鼓励他们成立了自己的编辑部。他们为编辑部取名"紫星星"，寓意：大家都是夜空中最美的星星。老师和大家商议将编辑部分为策划室、采播室、文稿室、美编室、摄影室，每个月出版同学们喜闻乐见的主题式报刊。

（连 洁）

016 附小帆船队扬帆起航

六名二年级同学组成了清华附小帆船队，他们代表我校参加了第六届"阿哈罗杯"环海南岛国际大帆船赛。他们顽强拼搏，获得总决赛的亚军。海帆赛新闻报道称：海帆赛迎来了史上最萌小船队。（连 洁）

017 摄影小组

六（4）班教室的后面，总有一些学生的摄影作品。班主任鼓励学生们去摄影，还把学生们的作品展示在后面。这样，班里的摄影小组就形成了，他们定期更换照片，切磋技艺，培养了一项好兴趣。

（许长亮）

018 VEX 机器人社团

　　我校机器人社团成立于 2012 年 10 月，由最初的几名学生发展到现在的 15 名社员。我们利用课余时间认真训练操作技术，深入钻研机器人结构和团队配合战术，并在训练后进行反思、总结，不断改进训练方法，想方设法提高操作技术水平和对抗练习水平。经过市区级比赛的锻炼，我们的操作技术更加熟练了，团队配合战术经验更加丰富了。（董建峰）

019 DI 社团

　　学生在 DI 活动中充分体验到学习科学的乐趣，动手能力、科学文化与人文素养得到进一步提升，激发了他们进行科学探究及参与创新实践活动的兴趣。（文　敏）

020 小小丁香，绽放清华

　　2014 年 9 月，我们成立了清华附小昌平学校第一届丁香英语戏剧坊，招募了 19 位小演员，排演的英文儿童剧 *Charlotte's Web*（《夏洛的网》），两次公演均获好评，同时也换来了学生的收获和家长的认可。（马艳红）

金帆民乐团已经有十多年的发展历史了。2011年，我们把每年的五月份第二个周五作为乐团返校日。在这一天，已经毕业的金帆民乐团的"前辈"们来看望母校及老师和学弟学妹们，大家共聚一堂，其乐融融。（吴跃猛）

1999年9月，清华附小成立了少年民族吹打小乐队。声部为：笙、管、笛子、打击乐。这是金帆民乐团的雏形及学校器乐教学的火种。（吴跃猛）

四（6）班的小小班级社团，为学生的成长提供了无限空间。一群孩子喜欢排文艺节目，顺其爱好助他们成立"戏剧社""西洋乐器社团"，喜欢美食的孩子成立了"美食社团"，一时间班级社团如雨后春笋，纷纷破土问世，什么"象棋社""围棋社""漫画社""书法社"，热闹极了。更有关注班级动态的家长建议成立文学社，由他们来当校外辅导员。班级小社团，绽放孩子个性之花！（王　艳）

四（6）班有一群热爱生活的孩子们，他们会用眼睛观察，会用心体验，他们和诗结下了不解之缘。在荷塘诗社，诵诗、仿诗、小组合作创诗……或在荷塘诗社吟诗作对，或在丁香书苑沐浴文学的光芒，或在清华园亲近自然、体验生活。他们用自己的语言表达内心的情感，用自己的视角来观察校园，记录自己多姿多彩的生活。（王　艳）

025 紫光童声合唱团

清华附小紫光童声合唱团是我校参与人数最多的学生社团之一。在老师们的辅导下，连续两届在北京市中小学合唱比赛中获得一等奖，并在新清华学堂成功举办了专场音乐会。合唱团还多次和中央电视台合作录制节目，多次参加演出和交流活动。（张　叶）

026 民乐团里的荣誉墙

民乐团里每个孩子都是一名小小演奏家，他们热爱音乐，热爱自己的乐器，虽然年龄小，但对于艺术追求的标准却很高。在大大小小的比赛中，很多孩子取得了傲人的成绩。看，这是在排练厅中孩子们最引以为豪的荣誉墙！（张　胤）

027 创建学校戏剧团

为了丰富学生的课余生活，学校组织成立了清华附小戏剧团，排练了歌舞剧《劳动最光荣》《诗韵》等。如今这些孩子的表演技巧都更加成熟了，排练的剧目也越来越丰富了。（张　叶）

028 健美操社团

2014年4月，受国家体育总局体操管理中心的委派，校健美操社团代表中国奔赴美国，参加2014年第十一届世界啦啦操锦标赛。学生们第一次登上世界级的啦啦操竞技舞台，在高手面前，他们顶着巨大压力，出色地完成了比赛。此番美国之行，让师生们开拓了眼界，增长了见识，了解了世界一流啦啦操的水平与技术。（任海江）

029 "我行我秀"民乐团板报

民乐团的每个学生不但能够掌握一门乐器演奏技法，还能画出手中的乐器。老师结合"1+X课程"的教育理念，鼓励每个人画出自己所演奏的乐器，以了解自己的乐器、喜爱自己的乐器，并展示出清华少年的多才多艺。（张　胤）

030 "雪点儿"文学社

三（3）班成立了"雪点儿"文学社。孩子们自创儿童诗，本来是读书小队的练笔，没有想到诗与孩子的相遇竟会迸发出美妙的智慧之光。他们对路边野花的问候，吃苹果的心情，对灯与月亮的联想，对自我的发现……都化作了童诗，从他们的笔尖流出，又流进了他们的心田。（祝　军）

031 篮球社团

为增强学生的身体素质，给对篮球感兴趣的同学们提供锻炼、学习、展示自我的舞台，体育组老师组建了篮球社团，为学生提供专业化、系统化的训练，它成为体育后备人材育苗的沃土和成长的摇篮，也让篮球场成为学生展示自我的秀场。（张玉国）

# 三、绝知此事要躬行

**001** 《秘密花园》

　　老师带领孩子们将语文必读书目中的《秘密花园》改编成英文剧，并请来了专业的表演老师为他们进行指导。凭借这一英文剧，孩子们在第十三届首都学生外语展示系列活动中取得了优异的成绩。在毕业晚会上，孩子们也演出了此剧，为他们小学的学习生涯留下了难以忘怀的重要记忆。（陈新蕾）

**002** 参加英语歌曲大赛

　　海淀区英语歌曲大赛要开始了。唱英文歌曲是学习英语的良好途径之一。老师们带领着孩子们积极排练，并为他们定制了衣服。最终，孩子们获得了第一名的好成绩。（陈新蕾）

毕业课程之中学体验课

"走进中学，遇见未来的自己"，路漫漫其修远兮，中学的大门即将打开，未来的学习世界将会是什么样子？孩子们带着问题和期待走进了中学体验课。我们根据学生的兴趣、特长，有针对性地进行了设计，分成集体参观交流和一对一中学生活指导两部分。（郝晓红）

004 微课比赛

老师号召学生们开展一场微课比赛，于是便有了学生的精彩作品，如李伯钧的《透镜成像规律》，刘佳成的《枪战》，宁厚然的《精彩的一天》。奖次评选已经变得不重要了，学生们更在意自己的作品能否让每个人从中获得快乐！为学生创设展示的舞台，学生会呈现别样的精彩！（陈　军）

005 我是发明家

"我能成为发明家吗？""没有问题，你是可以的。"这是附小轻松发明课上的对答。只要你善于观察、善于发现，并敢于提出自己的意见和完善的方案，那么你就有可能成为附小的小小发明家。附小的发明课，激发了孩子们的想法，给孩子们插上了创新的翅膀。（李　强）

**006**　我们爱上做手抄报

　　"教室小课堂，社会大课堂。"
我经常让孩子们走进大自然，走进
社会，去观察，去聆听。春天到了，
我和孩子们观察五彩缤纷的花儿，
做有关春天的手抄报；秋天来了，我
带着孩子去捡树叶，将树叶做成生
动有趣的"叶画故事"……那一幅
幅灵动、生趣盎然的手抄报贴满了
教室，孩子们自豪极了！（何　烨）

**007**　毕业课程之走进实验室

　　在毕业课程中，最让学生们脑
洞大开的就是走进全国顶尖的实验
室。学生们可以根据自己喜欢的方向选择适合自己的实验室，针对自己关注的科学问题进行实
验和探究，最后形成科研报告。这一课程的开展，提升了他们的科学素养，激发了他们对科学
研究的兴趣和好奇心，也帮他们形成了对科学的自觉追求。（郝晓红）

**008**　主题教学国家级教学成果推广会

　　百年清华附小的中国意义，体现在价值观引领、课程引领及公益服务引领上。2015 年 5 月
8 日，首届基础教育国家级教学成果奖推广会——清华附小主题教学成果展示会，在清华大学
大礼堂隆重召开。通过这一盛会，主题教学的经验成果将经由听课的老师们，惠及更多的孩子。
（贺　洁）

### 009　小印章，大天地

班主任应老师是兼通语文和书法的整合型教师，他在课余给同学们讲授印章文化，传授刻章技法。小印章里有一方大天地。（连　洁）

### 010　小雨姐姐讲故事

学校邀请北京广播电台著名少儿节目主持人小雨姐姐，在联盛馆为孩子们带来一场生动有趣的传统美德故事课。（连　洁）

### 011　别致的毕业典礼门票

你见过这样别致的毕业典礼门票吗？愿每一名毕业生乘着梦想的班机，从附小起航，飞向那片更美更广阔的天空。（连　洁）

## 012 "朋朋哥哥"

著名阅读推广人、博物馆义务讲解员、大家熟知的"朋朋哥哥"——张朋，与家长和同学们相约在百年清华附小最美的春天，跟同学们和家长们分享了"大城北京——北京的故事"。(李春虹)

## 013 小戏剧大课堂

高年段英语老师邀请了美国儿童剧导演 Peter 和学生家长，共同将经典儿童剧 *Annie*（《安妮》）引入英语"X 必修课程"，为学生学习和应用英语提供了饱含意境的舞台，为英语教学带来耳目一新的形式。(赵若冰)

## 014 名家进校园

名家进校园是清华附小的一个常设活动。每年，清华附小都会请一些著名人物和学生进行交流，目的是给学生树立不同的人生榜样。(梁营章)

### 015　丰富的家长课堂

家长是学校强大的后备军！来自各行各业的家长各有专长，请家长走进学生的课堂，开拓了学生们的眼界，丰富了他们的知识，坐在下面听讲的小学生或许就有未来的足球先生、食品专家、机器人专家呢！（苗育春）

### 016　京剧进课堂

京剧是我国的国粹，中国人有责任传承好京剧。我们班请来了京剧老师教学生唱京剧，大家学得很认真，咿咿呀呀真有趣！（沈　美）

### 017　科技新闻播报

在数学课上，一分钟科技新闻播报让新科技离我们越来越近，新型飞机、透明手机、3D打印机、会飞的汽车……一系列新科技的问世，都引起学生的一阵阵惊叹。这扇科技之窗为学生打开了更加广阔的天地！（唐晓丽）

018 足球校本课

学校大力发展校园足球，并将其作为学校的体育品牌项目，每周每班都有一节足球校本课，同时基于学生的兴趣还有足球自选课程。学校的足球训练，不功利地追求比赛成绩，旨在通过足球使全校学生拥有一项好的运动兴趣，拥有一身好体魄，努力让每一个学生做到：人人会踢足球，人人懂得足球，人人会评足球。（任海江）

019 为学生开设哲学课

童性哲学在世界范围内并不是个新话题，而是个老话题，哲学应该被学生了解，认知。为此，我为学生开设哲学课，为学生讲哲学故事，融美学与绘画于课堂。（聂　焱）

020 感恩节滚南瓜

感恩节那一天，老师和孩子们齐聚操场，以自己的方式庆祝这个节日。其中，最有趣的就是滚南瓜了。孩子们都来到操场上，展开了一场激烈的滚南瓜比赛。学生以接力的方式来滚南瓜，最先完成的小组获胜。要想赢得比赛可不那么简单，不仅同学之间要相互合作，还要有技巧地使南瓜滚动，这样的活动既愉悦了身心，又锻炼了身体。（苏晓艳）

## 021　植物课堂

　　将数学与科学相整合，在附小校园里给孩子一个别样的课堂——让学生以附小植物为研究对象，就其种类、形态、生长习性等进行研究，并形成调查报告。这是我校在"1+X课程"的构建与实施过程中的一次大胆尝试，它着眼于儿童核心素养的整体发展，努力消弭学科边界，走向学科融合。（王建刚）

## 022　节日课程之手工课

　　谁说只有美术课能画画？看，学生们正在制作节日主题贺卡，将美术与手工和英语整合在了一起。学生们在了解了西方节日内涵之后，小组合作分工，设计、画画、剪裁，一个个作品体现了学生的整体能力，表达了他们的节日祝福。（王　洁）

清华附小种子课程
学生作品丛书

脚印

清华大学附属小学二零一零年级五班学生
著

## 023　我用"脚印"话百年

　　兴趣是最好的老师。我们班非常重视写作和阅读，用体验式作文法，激发了孩子们对于写作的热情，孩子们已经习惯了在"玩玩，说说，写写"的写作训练中体验生活，踏歌而行。在为附小百年助力的征程中，老师和孩子们一起，编织着五（5）班的写作梦……（王小茜）

**024** 百年诗梦，笔下生花

清华附小百年华诞来临之际，教师结合自己古汉语专业的背景，带领四（5）班的学生、家长们创作了百幅规格一致的诗配画，为附小献礼！（王秀平）

**025** "繁星"小剧场

毫无疑问，我们四（5）班是戏剧特色班级，美其名曰"繁星"小剧场。在这个属于孩子们自己的舞台上，每一个人都能散发最亮的光芒！（王秀平）

**026** 无线电测向

无线电测向，让孩子在艰苦的条件下也能想方设法搜索信号，找到电台。探索科技的同时，也锻炼了孩子们的意志。（王　祎）

027　校园植物大搜索

　　清华附小有那么多的植物，老师带着孩子们一一去认识，去辨别，不用出校门，就像到了植物园。（王　祎）

028　小导游

　　每周五的自主创新课——小导游课程，是孩子们最喜欢的，他们背上小书包，手拿小旗子，或扮演游客，或担任导游，有时在教室里领略祖国风情，有时在校园里寻找清华风物……孩子们不仅开阔了眼界，还锻炼了口才，培养了能力。（王玉梅）

029　节水课程

　　我们班在综合实践课中开设了节水课程：课堂上，让学生了解水资源的重要性，了解节约用水的重要性；课后，制作一个节水标识和一条节水标语；在生活中主动做到节约用水，并在班级微信群里分享节水的内容和节水小妙招；国旗下讲话时，介绍可利用水资源的有关知识，号召学生节约用水。在整个课程中，学生记住了许多节水的方法，并把它们介绍给了父母。（吴　洋）

**030** 图书义卖学营销

六一儿童节期间，学校举办图书义卖活动，我安排了总负责人，又让他对每个人进行了分工。学生们自己制作了卖书单，各司其职，井井有条。孩子们在活动中不仅奉献了爱心，还学会了自我管理和各种营销手段呢。（王玉梅）

**031** 拓片画

秋天到了，二年级的孩子采集落叶，他们细细观察，用铅笔小心拓印，拓印的过程就是感受叶子生命的过程。拓印完毕，小手剪下叶子，发挥自己的想象与创造力，进行拓片画的制作，可独立完成又可合作完成。只要用心，处处都有教师为学生开发的课程。（许淑一）

**032** 版画微展览

为了提高学生的绘画技能和想象能力，我教学生们创作吹塑纸版画。创作完成后，他们还举办了小小的微展览——这可是他们创意的结晶啊！（杨雅辉）

## 033 小小糕点师

学生们"全副武装"，成了小糕点师，在烘焙课上跟老师学做糕点！每一组同学都做得有模有样，你揉一个小桃心形状的，我揉一个圆形的，他揉一个小熊形状的，他们互相欣赏，好不热闹。瞧，一块块金黄色、香喷喷的糕点出炉了，大家马上要吃上自己亲手做的饼干了，感觉太好了，太美了！（尹迎春）

## 034 那片绿绿的小菜园

体育车老师和科学组的老师为了开发种植课程，让孩子们感受生命的成长历程，在学校操场西北角用汗水开垦出一块地，在试种一年后，将地分配给了班级。于是，孩子们在春天播种，看着小苗一点点长大，除草，施肥，浇水，杀虫，最后收获。小菜地种啥得啥，没有化肥，没有农药，一切顺其自然。教育如是，有了足够的包容，孩子们方能在各自的领域里尽情发挥潜能。（许　剑）

## 035 我和草木共成长

清华附小的植物有 100 余种。每年春季，小芽一露头，孩子们就用自己的画笔记录草木的成长变化，测量小芽生长的速度，以及辨别不同种类植物叶子的不同。而到了秋冬季节，孩子们又用落叶制作叶画、测量树叶的面积等。孩子们与清华的草木共同成长。（尹红丹）

**036　竹笛微课堂**

竹笛进课堂是清华附小的特色之一。"一日之计在于晨"，每天的学习从轻松、愉悦的竹笛微课堂开始。"九层之台，起于累土"，每天晨练十分钟，收获一项好技能。目前我们基本上能够吹奏40首中外名曲。期待更多的孩子加入进来！（应　云）

**037　中国传统文化意象植物**

中国传统文化意象植物，是凝聚着中华民族智慧和历史文化的一种文化符号。在我的引导下，美丽附小的植物成为研究的小课题，学生在大自然中了解祖国文化的博大，知晓为人处世的美德。如梅花品格高尚，铁骨铮铮，不怕天寒地冻，不畏冰袭雪侵，不惧霜刀风险，不屈不挠，昂首怒放，独具风采；而竹子象征有气节，宁折不弯，挺直脊梁。（应　云）

**038　浓缩电影秀**

电影既是艺术，也是科技的展示，为学生打开了更加广阔的天地！通过组织学生进行"浓缩电影秀"，不但使学生对时下流行的微电影有了了解，也促使学生在艺术表演的同时，了解电影运用的科学技术，为数科节添砖加瓦。（张　静）

## 039 校园写生

美丽的附小处处是景，经常能看到美术老师带着学生在校园写生。写生是造型的基础，它不仅能培养学生的观察力和表现力，也可以使学生近距离观察校园的角角落落，亲近校园、了解校园建筑的特色，培养学生对校园的热爱之情。（张　静）

## 040 国学吟诵

根据学生的需求和特点，老师将自己的国学吟诵爱好转化为课程，让国学吟诵与学生的课内学习、课外活动、日常生活相融合，形成了特色鲜明的班级文化。（张文强）

## 041 有趣的形体课

"老师，你看我出了这么多汗。""老师，下节课我们的挑战是什么？""老师，我也想给大家展示！"看着孩子们一天比一天喜欢形体课，我更加动力十足。形体课作为校本课，到底怎样上才能真正吸引孩子且效果最佳呢？最重要的就是培养孩子的兴趣。形体课中，我打破了死板的传授，加入了合作舞蹈、创意游戏、新奇挑战、器械配合、小组闯关、明星舞台……这样的课堂，谁能不爱呢？形体课在男生中人气也很高呢。（张　忱）

戏剧课程

水木清华，书香育人，戏剧熏陶，华章璀璨。戏剧课程是清华附小的特色课程。全校班班都开设了戏剧课，并有自己的剧目。戏剧课培养了孩子对戏剧表演艺术的兴趣，启发了孩子的想象力，提升了孩子的能动性、语言表达逻辑性、形体协调性，使孩子的身心与技能突现同步健康成长。（张　叶）

043　创意乐队

在民乐团里有这样一群小能手，他们不但每人会演奏一样乐器，还在老师的指导下尝试在课余时间利用生活中的材料制作乐器，塑料桶、塑料瓶、纸板、烧杯都成了他们的道具。瞧！他们正用亲手做的乐器演奏出一首美妙的乐曲呢！（张　胤）

044　玩转风筝

学风筝，画风筝，做风筝，放风筝！这次学生们可把风筝弄明白了。大家自己动手做！弯骨架，画图样，贴宣纸……学习之后的玩耍才是最快乐的！当亲手把风筝放上天空的时候，那种快乐，充盈了整个校园！（张维华）

## 045　室内乐

室内乐，对于民乐团的孩子来说是一个陌生的名词。在 2014 年，民乐团选出了一批专业优秀的孩子组成了室内乐的小乐队。在老师的带领下，孩子们了解了什么是室内乐、室内乐演奏的要领、十大著名室内乐作品等等，室内乐提高了孩子们的艺术修养和艺术审美。（张　胤）

## 046　肢体也能演奏

节奏是最容易入门的音乐要素，在附小，音乐课上不但有唱歌、表演，还有孩子们的肢体拍打。他们时而整齐划一，时而分声部，形成了一种独特的艺术表演形式。（张　胤）

## 047　清华风物游

为让学生更好地了解清华的风物，对学生进行知清华、爱清华的教育，学校开展了"1+X课程"中主题教育活动之走进厚重的历史——清华风物游。全体老师共同参与，组织学生有秩序、有计划地对清华大学工字厅、古月堂等景点进行参观，这让学生体会到"自强不息，厚德载物"的清华精神，同时培养了学生"选择了清华，就选择了一生的责任"的高尚情操。（朱立超）

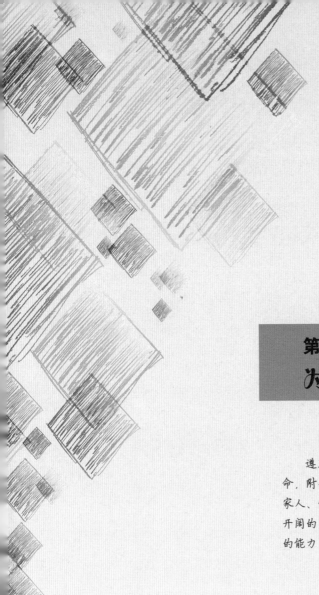

## 第三辑
# 为学生高尚人格奠基

　　遵照"为聪慧与高尚的人生奠基"的办学使命，附小老师教育学生扎中华根，铸民族魂，爱家人、爱集体、爱祖国，有公益服务精神，有较开阔的国际视野，使他们具备审美意识和创造美的能力，能主动适应、超越自我、勇于创新。

## 一、呵护与感恩

**001** 建立班级语言密码

　　啰唆说教，效果不好，怎么办呢？
我想到了属于自己班级的密码，比如，
"胜不骄，败不馁""专时专用""己所
不欲，勿施于人"等等。当班干部选
举有的学生落选时，一句"胜不骄，
败不馁"胜过万语千言；当学生做了
不合时宜的事情时，一句"己所不欲，
勿施于人"，让学生立刻意识到自己的
问题；当班干部没有尽职尽责时，一句
"定海神针"就让他们意识到了自己的
责任。简单的语言，大大的道理，不说教，不啰唆。（陈慧娟）

**002** 师生一台戏

　　你瞧，师生同唱一
台戏。每年的艺术节，清
华附小的班主任们总会释
放自己的童心，与孩子们
一起排练、一起演出。在
舞台上，他们就是个大孩
子；在孩子们心中，他们
就是大朋友。因为有老师
们的参与，师生之间的心
贴得是那么近，那么近。
（韩 冬）

### 003 举牌制度

班级实行了一年多的"举牌制度"。只要老师拖堂，学生会举牌提示教师，上面写着"下课了"；只要老师板着面孔上课，学生就会举牌提示，"请微笑"……课上，孩子们会饶有兴致地听讲；课下，欣然接受老师微笑式的批评教育。（韩 冬）

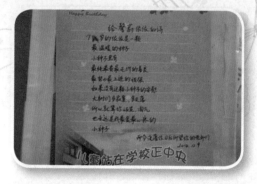

### 004 生日祝福

现在孩子们开始期待过生日时老师给予的生日祝福———一首"写给你的诗"。在意义如此丰富的这一天，老师把平时不常表达的深沉的爱写在纸上，浇灌孩子们的成长。（郭启蒙）

### 005 永远的牵挂

无论学生走到天涯海角，老师心中依旧惦记着他们。这些默默无闻的启蒙老师，牵着学生的手走进知识的大门，带领他们游戏，陪伴他们走出青春的困惑。学生每一年都会回到母校看望自己的老师，因为他们知道，他们是老师心里永远的牵挂……

（焦 玫）

**006** 失物招领

　　有一个特别的角落，在这里，有你曾经遗失的衣物、水杯、学具等等。细心的保安叔叔每天都会进行整理、统计，并提醒粗心的朋友，定期到这里来光顾一下，也许会找到心爱的物品！（李群生）

**007** 辛勤的保安叔叔

　　当你因为匆忙忘记了学具，当你因为赶时间遗落了衣物、水杯，师生们就会期待这熟悉的身影——辛勤的保安，从家长的手中接过物品，并及时完好地送来。（李群生）

**008** 私人定制水杯

　　老师为全班同学精心挑选了照片，用心为每人制作了一个私人定制水杯。水杯上写着：送给可爱的×××同学，爱你的老师。同学们说用这款水杯喝水，白开水都变得好像甜甜的了。（连　洁）

## 009　小萤火虫班

小萤火虫班，寓意"虽平凡但有闪光点，虽微小但并不渺小"，旨在发现每个学生的闪光点，汇聚正能量，点亮梦想。学生自己设计班级 logo、制定班级口号、创作班刊、创编班歌，在各种活动中凸显班级特色。小萤火虫家族成立了！（李晓英）

## 010　画下爱的故事

父母对同学们的关爱就像是阳光和空气，无处不在。老师请同学们用心感受生活中的点滴，拿起笔画下这些令人感动的画面，将爸爸妈妈爱的故事画成绘本。同学们一起分享绘本故事，恍然明白原来自己是多么幸福！（连　洁）

## 011　给爸爸妈妈写封信

老师号召同学们给最爱的爸爸妈妈写封信，写下对他们的关爱的感谢，写下平时生活中的小误会，写下自己的想法，写下对父母的祝福等。小小一封信，浓浓亲子情。（连　洁）

## 012　奖杯捧回家

马约翰杯足球联赛结束了，同学们经过努力拼搏获得了冠军，捧回了金灿灿的大力神杯。可是奖杯只有一座，为了让同学们都能留下纪念，老师为他们每人定制了一个小奖杯。看着同学们高兴地捧着奖杯回家，老师知道这奖杯一定会成为他们童年最美好的回忆。（连　洁）

## 013　萌爸萌妈来运动

在亲子趣味运动会上，刚刚入学一个月的小豆包们，和爸妈一起，感受运动的快乐！在万众一心、双人推车、你追我赶、齐心协力、夹球赛跑、一网颠球等六个项目中，各位萌爸萌妈带着萌宝，奋勇向前，你追我赶，体验亲子游戏的快乐！（连　洁）

## 014　营造家庭氛围

除了营造学习氛围，我还努力为学生营造家庭氛围。在以独生子女为主的集体中，家庭氛围可以使他们更多地感受到来自同伴的快乐，可以使集体更加和睦团结。（李红延）

**015** 亲子共走成志路

　　清华附小联合家委会共同组织
了"从起点走向未来——迎
附小百年校庆，亲子共走成志
路"的亲子健康徒步走活动。从
成志学校出发，经清华大学二校
门、大礼堂、工字厅等景点，终点
是清华附小成志大道。本次活动增
进了亲子沟通，更重温了清华精神。
（连　洁）

**016** 推你去晒太阳

　　小语骨折了，出入很不方便。上午大
课间，天气好极了，同学们都到操场上活动了起来。
老师看出小语的羡慕，推着她来到操场上晒太阳。
看，小语笑得多开心啊！（连　洁）

**017** 亲子时装秀

　　和爸爸妈妈穿上同款服装走上 T 台，露
出同样灿烂的微笑，摆出同样可爱的 pose。
我们一起秀出活力，秀出风采，更秀出暖暖
的亲情。（连　洁）

018 为全校老师画像

六年级即将毕业的同学们为全校教师画像，这些画像惟妙惟肖。老师将同学们的作品收集整理好，做成巨幅海报悬挂在联盛馆前。师生间的浓浓情谊温暖人心！（连　洁）

019 生日漫画

一个班级就像一个大家庭。每逢有家庭成员要过生日了，老师就会精心制作一幅生日漫画送给他，祝福他生日快乐。（连　洁）

020 充满童趣的班刊

为了记录学生七彩的童年，更为了搭建家长与班级间的桥梁，我班特别设计并出版班刊。这本班刊凝聚着家长、学生、老师的心血，大家庭中的成员爱她，呵护她，希望她在爱心的浇灌下茁壮成长……（苗育春）

**021  迎接可爱的小豆包们**

开学啦！一年级的小豆包们在爸爸妈妈的陪伴下，背着小书包，迎着朝阳走进了清华附小的大门！为了让小朋友们对新环境更有亲切感、增强自信、尽快熟悉同学，家校配合，把小朋友最满意的生活照和爸爸妈妈的一起贴在了教室门口的展板上，题目就叫"相亲相爱的一家人"。（苗育春）

**022  温暖的母亲节**

生活在温室中的学生们每年记得最清楚的是自己的节日——儿童节。为了让学生们了解妈妈的爱，感受妈妈的爱，进而感恩妈妈，我们组织学生精心准备，为妈妈庆祝"母亲节"！妈妈和孩子的爱交融在一起，充溢着整个教室……当一朵朵精致的丝巾系在妈妈胸前的时候，她们的泪光也在闪动……（苗育春）

**023  老师为我创作漫画**

多可爱的漫画头像啊！我们为全班的每一位同学创作了漫画头像，一个个头像栩栩如生，一看就能猜出它是哪一位同学。要问老师为什么画得那么像，因为他们都在老师的心里！（连  洁）

**024** 生日快乐

　　只要班里有孩子过生日，孩子们都会嗨翻天。一起点蜡烛，唱生日歌，感恩妈妈付出的同时许下美好的愿望……当然，最期待的是吃美味的蛋糕了，吃在嘴里，美在心里，幸福在教室里蔓延。（苏晓艳）

**025** 为学生画像

　　在素描课的闲暇，兴起时，我会邀请学生做模特，我来为他们画像，然后题字留念。这时，总引来学生围观。这不失为一个激发学生对素描及速写的兴趣，增进师生之间感情的好办法。为学生画像，记录教育生活。（聂　焱）

**026** 陪　伴

　　无论是在课堂中，还是在操场上，每个清晨与午后，每个白天与傍晚，有学生在的地方，就会看见他们的班主任。陪伴，是上好每一节课；陪伴，是度过每一个快乐的课间；陪伴，是记录下孩子的每张笑脸：陪伴才有感情。（王　露）

## 027 不关门的美术教室

午休时开放美术教室，为学生们提供了美术自习的自由空间。学生很乐意参与进来，我们在这个空间里实现了更多的个体教育、小班教育。我们都比较喜欢这段无忧无虑、无拘无束的教育时空。（聂　焱）

## 028 回到童画

用文字记录教育生活的点滴，来纪念师生之间相处的光阴及动人的教育细节；同时，也想从学生的童画作品中去感受童心，感受童画作品的力量。观察学生，体会教育，我觉得自己回到了童年。（聂　焱）

029　班级全家福

　　教室是学生温暖的家，每个学生都是这个家的主人。我在班里开辟出教室一角，用以展示42个人的全家福！全家福能让每位学生感受到家的温馨，能让每位学生作为主人主动为班级做出自己的贡献。全家福中的每幅照片背后都有一个故事，故事的名字叫"童心看世界"。学生用三分钟演讲讲述自己的故事，分享亲身经历的感受，家的情怀在教室内弥散。（汤卫红）

030　向好妈妈致敬

　　三八妇女节时，班级举行了"夸夸我的好妈妈"的主题班会。在会上，同学们对自己的妈妈说出了自己的心里话，向好妈妈致敬。（王小茜）

031　补　课

　　可爱的孩子在日记中这样写道："那天，我去口腔医院看牙齿，没来得及上语文课，王老师没有'放过'我，抓紧时间给我补课，一题一题真仔细！"（王秀平）

## 032 互换礼物

新年到了，怎样让孩子们过一个难忘又有意义的新年呢？老师决定让孩子们互换一件有意义的礼物，互换双方抽签决定。互换礼物时，看看孩子们的笑脸，你就知道他们有多开心了！孩子们不仅收到了礼物，更收到了班级大家庭满满的爱！（王玉梅）

## 034 穿串感恩卡，友情系我心

在感恩节主题活动中，老师和学生们一起制作感恩卡，并将其串起来布置到楼道里。学生们互相欣赏并传递感谢与赞美，互相感受同学之间的友情。

（王 洁）

## 033 值 周

附小的老师们轮流参加校园值周工作，每一位老师都能耐心地为同学提供帮助，还能通过值周给同学们送去灿烂的微笑和赞美的大拇指。（王 焱）

**035** 和哥哥姐姐们一起话中秋

走进哥哥姐姐们的教室，听听中秋节的来历，唱唱歌，品品月饼，再做一做宫灯，猜一猜灯谜。大手拉小手中，他们学到了不少的知识。（卫京晶）

**036** 最美的礼物

六一儿童节就要到了，老师决定留住孩子们最美的微笑，于是为每个孩子拍摄了一张照片，把它洗出来，装在镜框里，在节日那天送给每个孩子。那美丽的瞬间，也永远定格在儿童心里。（许　剑）

段一寻

**037** 设计特色照片

在孩子上学的第一天，老师提议为每个孩子设计一张特色照片。看呀，在大家的努力下，照片设计好了：丁香环绕下，一张最美的笑脸。这便是一（6）班的学生了。卫京晶这样说："我也是一朵丁香花，我是独特的。我是附小的新成员，我要让这张照片记录我所有的成长。"（聂　焱）

## 038 收藏祝福

每逢节日，我们总会收到同学们亲手制作的贺卡。我们把这一张张精美的卡片张贴在班级里，让他们知道老师多么珍视这些祝福。孩子们的祝福是教室里最温暖的装饰，更是对学生润物无声的感恩情怀的润泽。（薛　晨）

## 039 毕业明信片

毕业季，老师们把同学们在附小学习、生活的照片进行了仔细的整理，做成了明信片。老师希望学生看到这张明信片，就想到在母校快乐的六年时光！（薛　晨）

## 040 班级影像

影像是记录班级活动的最好方式，教室后黑板的下方总是张贴着班级活动的剪影。看到自己参加活动的身影，同学们也就会越来越喜爱参加集体活动了！（薛　晨）

## 041  父亲节小衬衫

父亲节就要到了，我们教孩子们用彩纸折，用彩笔画，做出一件件精致可爱的小衬衫。瞧，还打着领带呢。把对爸爸的祝福写在衬衫背面，它是送给爸爸的温馨小礼物。（连　洁）

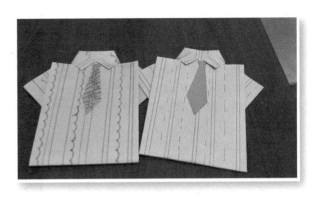

## 042  离别的祝福

小陈同学就要去美国读书，大家都依依不舍。老师建议大家亲手制作一份小礼物送给小陈。第二天，小朋友带着他们亲手制作的精美贺卡来到了教室。小陈收到这些礼物的时候，笑得非常灿烂。（张家龙）

## 043  给你最美好的回忆

乐思要转学了，老师希望把最美好的回忆留给她。在开完欢送会后，老师为她准备了礼物——充满紫色丁香花花香的室内香氛："乐思，希望你每次闻到甜美的丁香花的花香时，都能想起爱你的老师、同学，都能想起你爱的清华附小。"（张　忱）

老师的保温壶有魔法喔，它总会变出不同的花样。比如：夏天天气炎热，带来冰糖菊花茶；秋天干燥，带来自己配制的降火秘方——罗汉果、杭菊、黄冰糖茶。（张文强）

班里经常有同学因为生病请假，个别同学连着几天没来。于是老师选出两个生活委员，他们的职责就是向生病的同学送去问候，孩子们听了，纷纷表示想当这生活委员。生活即教育。（张家龙）

她关心了解班级里的每一个孩子；和班主任一起，布置班级文化，让每一个角落都富有教育意义；和学生一起策划方案，组织排练，制作道具，参与演出；还和学生、班主任一起打扫卫生，为迎接崭新明亮的一天做好准备。和孩子们在一起，她感到幸福和快乐。副班主任真的不"副"。（俞　琨）

**047** 原创小诗送妈妈

这个母亲节，没有鲜花，没有贺卡，有的是老师启发同学们为妈妈创作的小诗。把真情流露的文字送给妈妈，一定是妈妈收到的最难忘的礼物。（祝　军）

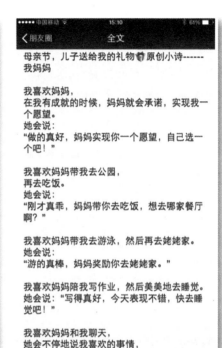

母亲节，儿子送给我的礼物🎁原创小诗------
我妈妈

我喜欢妈妈，
在我有成就的时候，妈妈就会承诺，实现我一个愿望。
她会说：
"做的真好，妈妈实现你一个愿望，自己选一个吧！"

我喜欢妈妈带我去公园，
再去吃饭。
她会说：
"刚才真乖，妈妈带你去吃饭，想去哪家餐厅啊？"

我喜欢妈妈带我去游泳，然后再去姥姥家。
她会说：
"游的真棒，妈妈奖励你去姥姥家。"

我喜欢妈妈陪我写作业，然后美美地去睡觉。
她会说："写得真好，今天表现不错，快去睡觉吧！"

我喜欢妈妈和我聊天，
她会不停地说我喜欢的事情，
逗得我哈哈大笑。

我喜欢妈妈永远陪在我身边。

**048** 常驻教室

班主任常驻教室，朝夕相处，更促师生情谊。（祝　军）

## 二、我爱我的家

**001** 金点子信箱

　　孩子们对学校，有很多的建议和意见，怎么办？别着急，这就帮着想办法！瞧，在知行楼东北角的知识之门前面，就有这样一个金点子信箱，孩子们可以畅所欲言：增设长跑比赛、成立附小纪念品商店、开设更多选修课、洗手间增加热水器……（贺　洁）

**002** 新生共同体

　　家校联合，教育永远离不开家庭，离不开家长们的参与。清华附小每年为新生家长们安排适当的学习，让他们尽快了解学校，了解老师，建立起了良好的家校沟通渠道，打造了一个团结友爱的新生共同体。这一措施对于促进一年级的同学们更快地适应新的生活，有很大的帮助。（安　华）

### 003　盛开在门上的丁香花

一（6）班的门上有一朵大大的"丁香花"，这可是全班同学在老师的带领下，给百年附小送上的祝福呢！一朵朵立体而又丰满的丁香花，花蕊中是各位同学对附小的寄语：百年附小，立人为本；百年附小，有你有我；养成一个好习惯，我要为百年附小助力……预祝百年附小的明天更加辉煌！（贺　洁）

### 004　华宇池底的祝福

在喜迎附小百岁生日的日子里，六年级毕业班的同学们怀着对母校的深情，决定在毕业前为母校干几件大事。同学们精心挑选大小一致的石头，在华宇池底摆出了"水木童心""百年的附小　大家的附小"字样。在拼字摆字的过程中，对母校的爱和祝福，深深地印刻在同学们心里。（郝晓红）

### 005　练字贺百年

百年的附小，大家的附小。在全校上下齐为附小百年校庆积极准备的时刻，二（5）班的同学们每天都在为亲爱的附小精心制作"生日礼物"——每天认认真真地练写一张字。那一个个工整的小字里，饱含着同学们对美丽附小的多少热爱呀！（李晓英）

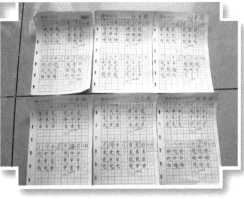

### 006　留住母校的春天

春回大地，清华附小的校园里生机盎然。六（3）班的同学们在附小的校园里，用相机、画笔把这美丽的校园留在胶片上、纸上，更留在每一个人的心里。他们就要毕业了，这美丽的校园将永远留在他们的记忆中。（焦　玫）

### 007　百篇随感迎百年

在迎接附小百年华诞的日子里，三（1）班的师生选择用跟清华有关的百篇随感为母校的百年助力。华宇池旁，驻足观望，溪水栈道，诗意流淌，童心飞扬。写自己熟悉的景观，写附小的一草一木，就是表达对附小的热爱，这里面有浓浓的家国情怀，爱国先从爱校开始。（李春虹）

### 008　百年校史我来讲

百年的清华附小，为莘莘学子留下了多少深深的眷恋，已经没人能够说清，重要的是附小百年的历史为后人留下了无尽的财富。每天课前三分钟，二（5）的"小老师"们都会带大家走进这段尘封的往事，打开一段不平凡的岁月。（李晓英）

**009** 我是附小代言人

水木清华，百年童心，家国情怀，完整人格。二（5）班的每一位同学都是附小代言人！他们或当小小志愿者，或邀请普通劳动者写下对百年附小的祝福语，或在赛场上用优异的成绩为母校代言。（李晓英）

**010** 浓浓饺子味，浓浓母校情

学生毕业前夕，我利用元旦跟学生一起煮饺子、吃饺子、看节目，教育学生对母校心怀感恩，放飞梦想，永记母校，这不仅是引导学生珍惜童年时光，更是教育学生要懂得感恩。（李秀玲）

●●●● 中国移动 4G　14:13　　　🔋 59% 📱

〈发现　　　**朋友圈**　　　📷

宗达

百年清华，书香满溢。附小为精彩人生奠基，健康、阳光、乐学的精神滋养心灵。我为身为一名清华人而感到骄傲自豪。我是清华附小CBD分校二年5班的裴宜轩，我为清华附小代言！！🎤🎤🎤

1分钟前　　删除　　　　　　　●●

tony葫芦耙耙

**Versace 14限量 印第安 金属 刺绣 大水钻 闪粉 编织 T。S/M/L。国内10800。**
5900

**011** 丁香班歌

拥有一首班歌，是一个集体团结友爱的象征：选一首孩子们都喜欢的歌曲，征集所有小小词作家的歌词，带领班里的两位小小歌唱家到专业录音棚进行录制，班歌《丁香谣》终于诞生了。相信伴随美妙的歌声，每一颗小小的心灵都体会到了集体的凝聚和温暖，他们将带着丁香的印记走过六年的小学时光，这将是专属于他们的符号！（李　秀）

**012 追溯附小的百年历史**

二（4）班的学生在老师的带领下搜集资料、访问校友、采访老师，对于母校的昨天、今天有了初步的认识，述说母校的历史成了他们的一种习惯。同学们说，不仅要把母校的以往、现在告诉爸爸妈妈、亲朋好友，以后还要像哥哥姐姐们一样做个小导游，向来母校参观的客人介绍母校。（赵红霞）

**013 千人千朵丁香花**

为献礼百年校庆，我们组织了"千人千朵丁香花"拼图活动。丁香花瓣上摁上了每人的指纹，寓意儿童站在学校的正中央，每个人都是附小的代言人。学校尊重每一个儿童，并为每个学生的发展提供空间和机会。（张华毓）

**014 书香托起足球100**

附小全体学生高举足球，与家长代表和所有的老师们共同组成了"书香托起足球100"的大拼图。书香润泽丁香，家校一致托起"书香百年"，表达了大家喜迎附小百年生日的兴奋之情、自豪之情，以及对追求中国足球梦的美好祝愿。（连洁）

**015** 我和爸妈是校友

清华附小即将迎来百年华诞，寻找附小校友活动开展起来。一些同学发现自己竟然和爸爸妈妈是校友。老师引导同学们采访父母，了解校史故事，感受父母的童年生活。在交流沟通中，两代校友间的关系更加亲密了。（连　洁）

**016** 校庆倒计时牌

附小校门口立着这样一块百年校庆倒计时牌，随着数字的变化，同学们真切地感受到校庆的脚步越来越近了！（连　洁）

**017** 浓浓清华情

CBD 校区一年级的学生在老师的带领下走进了清华园，参观了闻亭、断碑等在校歌中出现的清华景物。学生们感受着清华园秋天的同时，也感悟着"自强不息，厚德载物"的清华精神。活动后，学生们更爱清华了，也更加懂得了作为一名清华少年的责任！（刘春节）

**018** 美丽的紫色

　　紫色是附小的"校色"，校徽、校花、校服、旗子、杯子、椅子等，都是紫色的。有了这一抹亮丽的紫色，同学们的归属感、荣誉感和使命感更强了。紫色由象征中国传统的红色和象征大洋的蓝色融合而成，与附小培养"拥有中国灵魂、国际视野的现代人"的理念相契合。（隋敏芳）

**019** 走进美丽校园的第一天

　　入学第一天，老师带领孩子们走在校园的每一个角落。第一次走进丁香书院，品一品花香、墨香与书香，竟有些醉了；第一次在桐荫乐园的攀岩墙上小试身手，乐趣尽在一个个彩色的小扶手中；校园处处是美丽的，怎么看也看不够呢，那就停下来，坐在摇摇椅上小憩，感受一下。（卫京晶）

**020** 我们的班徽

　　班徽的绘制，是全班凝聚力的体现，激励着同学积极上进，卓越攀行。丁香花是清华附小的标志，前面大花代表学校，后面小花代表一班。下方两颗启明星，象征老师给学生传授知识、品德，也象征丁香花树干。树下是一个读书的孩子的侧影，符合学校书香校园、阅读经典的理念。下方的 Class one 代表一班。班徽整体上表示"丁香树下的一班"的主题。（吴　洋）

设计寓义，标志色：丁香紫
1. 丁香花是清华附小的标志，前面大花朵代表学校，后面小花朵代表一班。
2. 下方两颗启明星，象征老师给学生传授知识、品德、力量，也象征丁香花树干。
3. 是一个读书孩子的侧影。
4. 下方是class one，表示一班。
5. 整体标志契合"丁香树下的一班"主题。

我为校园洁净出点力

学雷锋日，四（6）班的同学们在老师的组织带领下，早早来到学校开始打扫。有的拿起竹丝扫帚把树叶扫成一堆，有的用小扫帚把垃圾归入畚箕里。劳动工具不够怎么办？不少同学不怕脏不怕累，干脆用手捡拾，把散落在各处的小树叶、小纸片通通收入垃圾袋。看着校园在大家共同的努力下，更加整洁、漂亮了，同学们都很舒心。校园是我家，我们都爱她！

（王　艳）

022 花儿朵朵迎校庆

百年附小，大家的附小。为附小百年助力，是我们班全体师生的共同心愿。为了表达这一心声，同学们集思广益，用心写下了祝福语、宣传口号，并且和书法结合布置了"花儿朵朵

迎校庆，笑脸张张贺百年"的展板。那展板上的三张笑脸也凸显了学校的三张名片：微笑、感谢、赞美！（赵红霞）

023 丁香娃娃

在喜迎附小百岁生日的系列活动中，丁香娃娃的身影总是如影随形。盛夏的日子里，站在校门口迎接每一个孩子的丁香娃娃，依旧会穿上厚厚的服饰，用"微笑、感谢、赞美"——附小独有的三张名片来和孩子们交流。虽然老师们什么也看不见，却依然能用心感受到孩子们真挚、灿烂的笑容。（文炎钊）

024 "我是附小代言人"活动

APEC 会议期间，为了增强学生对百年文化的认同，学校开展了"我是附小代言人"活动，并特意印制了百年校庆小旗。在随家长出行期间，同学们随身携带小旗子，游玩途中请游客朋友在旗子上面签名、写祝福，并与签名的游客合影留念。APEC 会议结束后，全校 42 个班级共收集签名小旗 1000 多面，祝福签名 3000 多条，紫色百年校庆小旗的足迹遍及全国 20 多个省、市、自治区，20 多个国家和地区。这次代言及祝福语征集活动，不仅让清华附小的三张名片——"微笑、感谢、赞美"遍地开花，更向世人展示了清华附小少年"健康、阳光、乐学"的精神风貌！（张华毓）

025 百年祝福卡片

卡片是一种象征，寄托着全校师生对百年母校的殷殷祝福。卡片的设计，附小的老师们可是动了脑筋。吉祥物一上一下，衬托祝语；日历的嵌入使其有保存的价值，更重要的是百年的当月当日用特殊的颜色标记，是提醒，亦是纪念。卡片书写完毕后，孩子们在楼道、书吧、教室等各个地方进行装饰。喜庆与欢愉的氛围顿时营造了起来。（张华毓）

026 独特的走廊文化

因为"儿童站在学校的正中央"，所以我们有着独特的走廊文化，孩子们亲手制作的、描绘的、充满无限想象力的时空走廊，正如时刻绽放着的一张张美丽的笑脸。（隋敏芳）

**027** 校园里的教育提示语

　　每一个校园都有一些标语口号挂在墙上，但是如果你仔细看一看清华附小那些温馨的提示语，你会发现其中的奥秘：少了一些禁令式的不许和严禁，多了一些平等和温暖。（朱立超）

**028** 为学生编制实用手册

　　学生走进校园，如何使其最快地了解学校的整体样貌，知道校园的历史，爱上校园美景和"1+X课程"体系？我们编制了《"1+X课程"学生实用手册》。手册中既有关于校史的内容，亦有对于校园文化的介绍，还有学校举行的重大节日活动，更有"守护生命的黄金法则""老师给学生的10条建议"等内容。（朱立超）

**029** 创意百年文化衫

　　用画笔在文化衫上画下你对百年附小的祝福，对未来附小的憧憬，对美丽附小的热爱……爱在笔下流淌，情在心中激荡。（连　洁）

**030** 百年畅想活动

为了让校庆开得隆重且浸润人心、引人思考，清华附小开展了百年畅想系列活动，意在用眼睛去发现、去观察、去捕捉老师们如何带领自己班级的学生用自己的方式献礼百年校庆。如：三（4）班"紫星星"编辑部成立了，他们将用百期主题刊物为附小百年献礼；六（3）班开展"寻根清华，筑梦附小"的主题活动，将用百幅作品为附小百年献礼。此活动的开展极大地促进了全校师生庆百年的热情，凝聚了人心。百年的附小，大家的附小！（张华毓）

## 三、中国灵魂

**001** 毕业课程之圆明园主题历史课

具有中国灵魂的现代人必须了解中国的历史，特别是要铭记被帝国主义侵略的屈辱史。为此，我们请来了清华附中的特级教师，给即将毕业的学生们带来了生动的圆明园主题历史课。（郝晓红）

**002** 走进北京城

爱国先要了解自己的祖国，从爱自己的家乡做起。北京这个宽容的都市，接纳了南来北往、国际国内的各种人士。学习这个古都的文化，热爱它，让学生成为一个新北京人，是北京教育的一部分。我从2008年开始，带领学生走进北京城，了解北京的历史，体会爱国精神；参观北京科技园区，感悟创新精神；了解老字号的历史，体会世代传承的厚德精神……学生们在活动中增长了见识，更爱上了这座古老的都市。（焦　玫）

**003** 铭记历史

为纪念"七七事变"78周年、世界反法西斯战争暨中国抗战胜利70周年，我们组织清华附小师生在清华大学第一位共产党员施滉雕像前进行"铭记历史，铸和平之魂；缅怀先烈，育家国情怀"的教育活动。（连　洁）

**004　播下热爱母语的种子**

爱祖国，爱我们几千年的传统文化，那就从爱我们的母语做起吧。老师注重给学生搭建平台，通过班会让他们感受母语的魅力，激发他们热爱母语的思想感情。从小在学生心中播下热爱母语的种子，实在是一件很有意义的事情。（李秀玲）

**005　国歌校歌我来唱**

清华附小每周一的升旗仪式上，都会有一个班级的同学登上领操台，带领全校同学一起唱响国歌、校歌。每一个同学都能深切地体会到那份庄严和神圣。（连　洁）

**006　老校友讲校史**

为了让同学们更加深入地了解反法西斯战争和抗日战争的背景与历史，学校请来研究清华附小校史的老校友吴逸奶奶，她为学生讲述校史，尤其是讲到了校友们在西南联大，面对日本敌机的狂轰滥炸，发扬刚毅坚卓的联大精神，刻苦学习，立志报国的故事。同学们个个听得非常投入。（连　洁）

**007** 我们都是炎黄子孙

附小艺术团来到了台北的两所小学进行文化交流。每名同学都与一名台湾同学结成了友谊伙伴，他们相互介绍自己，互换纪念品。同是炎黄子孙的亲近感，让孩子们在很短的时间里就熟络了起来。同学们把丁香娃娃贴纸粘在台湾伙伴胸前，告诉他们这是附小百年校庆的吉祥物。他们还自豪地向台湾小伙伴介绍附小百年的历史，将校庆小旗送给他们。（连 洁）

**008** 与王光谦院士座谈

中国科学院院士、清华大学土木水利学院研究员、博士生导师王光谦应邀访问我校。他与我校五、六年级学生代表进行了座谈，讲述了自己求学的经历，向同学们介绍了自己学术研究的领域，详细描述了自己为什么会从事水利工程的研究，并鼓励学生要善于去创造，要发明新的东西，造福全人类，为中国人增光。（连 洁）

**009** 快乐中秋

中秋节是我国的传统大节，为了弘扬民族传统文化，丰富校园文化生活，提高学生的艺术修养，使学生更好地了解中国传统文化，体验节日给我们带来的快乐与幸福，老师们组织同学们身着漂亮的传统服饰走进校园，迎接学校一年一度的中秋节日课程。（苏晓燕）

清华附小坚持"4+1"升旗模式，即周一采取全校集会的方式进行升旗，周二至周五采取非集会的方式升旗。无论同学们是在行走中，还是在运动中，当听到国歌响起的时候，都会停下脚步，向冉冉升起的国旗敬礼。学生自觉向国旗敬礼的场景也深深地感染着学生家长们。送学生到门口的家长，也自觉加入其中。没有号令，没有管理者，大家都是一个普普通通的中国人。（梁营章）

每周一，奏国歌，升国旗，唱国歌，唱校歌，国旗下讲话，颁发各种奖项，还有校长一张张亲手写的校长奖，礼仪在这里传承，知识从这里传送，一切行为都润物细无声，悄悄地改变着每一个学生。（隋敏芳）

离入少先队还有两个星期的时候，班里的小钟同学突发腮腺炎。错过了入队时间的他伤心极了，可是他没想到，等他病愈回班时，老师和全班同学一起为他举办了庄严而温暖的一个人的入队仪式。（王　露）

**013** 寻根清华园

在附小百年校庆来临之际，我班开展了"寻根清华，筑梦附小"的主题课程，同学们以小组为单位自主学习，有的研究清华建筑，有的研究清华名人故居，有的研究清华生物馆，有的研究清华植物。学生既是课程的开发者，又是课程的参与者。（许　剑）

**014** 最美中国节

中国传统节日是中国文化的瑰宝，节日文化自然成为老师利用的课程资源，在传统节日时为孩子们创设文化活动，让孩子们爱上传统节日。如：元宵节，带孩子们制作元宵，制作花灯，猜灯谜；中秋节，带着孩子们赏月，吃月饼，自制河灯，让童年的梦想远航；重阳节，带孩子们登高望远，走进敬老院，为老人献爱心。领略传统文化精髓，爱上中国最美节日。（许　剑）

**015** 清明节追思

清明节是我们寄托哀思的日子，也是我们表达感恩的日子。唯有感恩，方知担当，才能传承。在清华大学第一个共产党员施滉同志、清华附小老校长顾蔚云先生雕塑前，老师和同学们默哀并三鞠躬，表达了对先贤的哀思，对现在美好生活的珍惜。校长向同学和老师们讲述了施滉同志和顾蔚云校长的事迹。（连　洁）

**016** 核心价值观

为了弘扬社会主义核心价值观，使其真正扎根学生心中，老师们组织学生们画出自己心中对核心价值观的理解。（杨雅辉）

**017** 入队课程

每年的六一儿童节，是一年级同学最快乐的日子。这一天，同学们入队了。清华附小的入队课程内容丰富，除了了解队旗、红领巾的知识以外，还与高年级哥哥姐姐一起种下小树，在树下庄严宣誓。（尹红丹）

**018** 《龙的文化》讲座

龙是中国的象征、中华民族的象征、中国文化的象征。在中国文化中，龙有着重要的地位和影响。对每一个炎黄子孙来说，龙的形象是一种符号、一种血肉相连的情感！我们开展了《龙的文化》的讲座，对龙的内涵、龙的精神、龙的气魄进行了重新整合，这既丰富了学生对龙文化的理解，又增强了学生的自豪感与自信心。（应　云）

**019** 国防教育

　　每年 9 月份开学初，清华附小都会开展国防教育课程。5—6年级的学生将走进军营，了解基本的国防知识，并进行国防训练。低年级的学生会在学校学习正步走，了解国旗、国歌等知识。国防教育中，学生的意志品质得到了锻炼，集体意识、荣誉感得到了提升。（张华毓）

**020** 荣誉升旗手

　　他们是学生的榜样，他们是微笑、感谢、赞美之星，他们是水木秀场的分享者……荣誉升旗手是一种无形的奖励，让学生中的榜样站在升旗台上，感受亲手将国旗升上天空的骄傲之感，使其更加充满自信。（朱立超）

**021** 国旗班的故事

　　每天清晨，在晨练微课堂之后，伴着庄严的国歌声，五星红旗冉冉升起。而这背后，有着一个个关于国旗班的故事。别看才是一年级的小豆包，提起升旗他们还真是不含糊。经过短短几周练习，国旗班学生们已经可以独立完成升旗仪式的全过程，并且坚持每天早上准时升旗、放学以后进行降旗的常规工作，日复一日，不惧严寒、不怕辛苦。相信在孩子们的心中一颗爱国的种子已经生根发芽。（张誉鑫）

在清华附小出现了一幅3120块的巨型魔方拼图，它是60名五年级的同学，在老师的组织带领下用1.5小时完成的！巨形魔方上的长城栩栩如生，"万里长城　家国情怀"八个大字熠熠生辉。（连　洁）

## 国际视野

### 一、把世界带进教室

**001** 邀请外籍教练来教学

为充分利用社会资源为我校学生服务，开阔学生的视野，我们邀请英国马力邦板球娱乐部（英国最早的板球俱乐部）、孟加拉板球国家队教练、印度板球国家队教练、澳大利亚板球联盟教练来校对学生进行指导，进行双语教学。（车立强）

**002** 请外教来上课

第二语言的习得，最重要的是要有学习的环境。因此英语老师为同学们请来了外教，让学生在课堂上只讲英语，通过营造一个纯英语的学习环境，让学生于其中实践与提高。（陈新蕾）

**003** 文化体验

学习一门外语，重要的是了解这门语言的文化。为此，老师为学生们开设了复活节、感恩节、圣诞节、万圣节等一系列节日活动。丰富多彩的活动，扩大了学生的视野，增长了学生的知识。（陈新蕾）

## 004　丹麦戏剧进校园

来自童话王国的丹麦戏剧大师，带来了经典剧目《卖火柴的小女孩》和原创剧《房间》两个节目。夸张的表情，有趣的道具（火柴比我们的画笔还粗），诙谐的语言，舒展的动作，点燃了孩子们的戏剧梦！（郝晓红）

## 005　节日主题活动

复活节来了，教师组织学生做彩蛋，制贺卡，运彩蛋，找彩蛋……在活动过程中引导学生感受西方节日文化，增进国际理解；同时引导学生对比中国传统节日：通过这样的系列活动努力帮助学生真正成为拥有中国灵魂、国际视野的现代人。（范　敏）

## 006　与丹麦专家研讨戏剧课程

附小举办座谈会，组织老师们与丹麦专家深入探讨戏剧教育问题，与国际接轨，以期为清华附小的戏剧课程开辟新路径、打开新视野，给孩子们更多的营养与助益。（郝晓红）

**007** 英美文化日

校园文化是学校育人中很重要的一环。为了提升同学们的跨文化理解能力，英语老师们每学期都会组织一次英美文化体验活动，纸上的英美文化变得鲜活起来。这一活动还和学校文化相结合，变成了具有附小特色的文化体验活动。（黄耀华）

**008** 伊朗老师进课堂

一位伊朗老师正在给三（1）班的同学上课，瞧，同学们听得多认真！外国交流使者进校园，增进了同学们对国外风土人情、历史文化、语言等方方面面的理解，也为培养具有中国灵魂、国际视野的现代人奠定了基础。（李春红）

**009** 百老汇经典剧目我们也能演

四（4）班的同学很喜欢百老汇的经典剧目《猫》，戏剧展演前，同学们就商量着排练这个剧目。在班主任老师的支持鼓励下，他们一起克服很多困难，将经典剧目搬上了附小的舞台，令人耳目一新。（连　洁）

英国足球超级联赛形象大使、前英格兰国脚格雷姆·勒索克斯等应邀访问我校。同学们与来自英国的足球教练一起，在操场上上了一次足球示范课。学生们在操场上，分成小组，在英超教练的指导下尽情地享受着足球带来的快乐。（连　洁）

011  英国音乐剧导演来附小

英国著名音乐剧导演皮特·怀特应邀来到清华附小，观看我校英语戏剧社小演员的表演，并给同学们进行表演指导。（连　洁）

**012　南瓜灯的故事**

万圣节是同学们最喜欢的西方节日，每年到这一天同学们都会装扮起来，提着南瓜灯、小篮子，嘴上说着"trick or treat"，兴高采烈地在校园里讨糖。老师们每年则会跟孩子们一起制作各式各样的南瓜灯。（赵若冰）

**013　圣诞节主题课程**

圣诞节来临之际，我和外教一起合作整合教学内容，带领学生们在大厅的圣诞树旁，享受了一节特别的圣诞课程。学生了解了圣诞节各种装饰的名称，一起欢唱圣诞歌曲。（王　洁）

**014　我的彩蛋，我做主**

如何度过一个与众不同的复活节？我想到了学校开设的 iPad 课程。于是，我组织同学们利用绘图软件设计自己的复活彩蛋，并在同学的启发下构思、完善自己的彩蛋。最后，大家用英语分享了自己制作彩蛋的想法，介绍了自己彩蛋的名称，完成了"我的彩蛋，我做主"的创新性思维活动，度过了一个快乐的电子复活节。（马艳红）

## 二、放眼看世界

### 001　陪你到美国

那一年，清华附小第一次开启了国际视野的探索之旅。很多五六年级的同学主动参与了这次活动。他们在老师的带领下第一次来到美国，并住进了美国家庭。同学们通过在美国学习、参观，学到了许多知识，更感受到了不同的文化氛围，开阔了视野。（焦　玫）

### 002　培养国际视野从小事做起

为了给学生提供平台了解国际知识，拓宽视野，我们班利用课前三分钟，让一个学生介绍一个国家，课下学生们就去走廊中的世界地图处寻找那个国家。每天积累一个国家的知识，积少成多，为国际视野奠定基础。（陈慧娟）

### 003　西方文化讲座

我们定期邀请国际友人为孩子们作文化讲座，介绍西方文化及习俗，这有助于学生们广泛了解西方社会的文化、历史和风土人情，进一步提高听说能力、拓展知识、提升文化修养。（范　敏）

**004** 马拉多纳足球公司走进附小

　　阿根廷马拉多纳足球公司的教练们，来到 CBD 校区与我校学生进行了一次互动交流活动。活动中，学生们兴趣浓厚、热情高涨，表现出了足球健儿优良的品质以及勇敢顽强的体育精神，获得了许多足球技艺练习感受，取得了很好的锻炼效果。此次活动，推进了我校足球教学的发展。（李佳宁）

**005** 附小在联合国

　　清华附小学生在联合国总部演出啦！孩子们站在舞台上，个个精神抖擞。民乐团的《秦王点兵》、舞蹈团的《鼓舞少年》、合唱团的《让世界充满和平》《茉莉花》等民族传统曲目，让在场的观众掌声连连，不断竖起大拇指。（连　洁）

**006** 澳大利亚学校来我校交流

　　澳大利亚的福拜克文法学校和布莱顿文法学校的师生来到我校进行文化交流。他们带来了五首风格迥异的西洋管弦乐队作品，附小学生带来了中国传统的民乐演奏。此次文化交流，为学生提供了展示才能、锻炼能力、提高综合素养的平台。（连　洁）

## 007　乌克兰舞团来啦！

乌克兰"万花筒"青少年舞蹈团应邀访问清华附小。在校联盛馆，舞蹈团携手附小金帆艺术团的同学们同台演出，分享各自的优秀文化成果，赢得了在场观众的阵阵掌声，增进了同学们对两国文化的了解。（连　洁）

## 008　天外来客

中国载人航天工程办公室承办的第27届太空探索者协会年会在北京开幕。来自中国、美国、俄罗斯等18个国家的近百名航天员共同参会。清华附小学生在开幕式、欢迎晚宴、进校互动环节全程参与，展现了清华少年的中国灵魂、国际视野，以及健康、阳光、乐学的精神面貌。（张华毓）

## 009　足球队赴阿根廷培训

清华附小足球队的16名小球员在著名的博卡足球俱乐部接受为期两周的集训，并前往竞技队等足球俱乐部参观学习。（连　洁）

**010** 小小明信片

为了拓宽学生的国际视野，也为了有效激励学生，我购买了一些明信片作为奖品，上面印有外国的美丽自然风景、地标性建筑等。（王　婧）

**011** 民乐团赴美国演出

2011年2月，金帆民乐团远渡重洋参加美国第三届越过海洋的握手国际艺术节。这次比赛，乐团荣获金奖。（吴跃猛）

**012** 万圣节·南瓜灯·糖果

万圣节是西方国家的传统节日。这一夜是一年中最"闹鬼"的一夜，所以也叫"鬼节"，它来到中国，却变成一个承载快乐记忆的节日，同学们雕刻出各种各样的南瓜造型，有胖的有瘦的、有笑的有愤怒的、有戴眼镜的有穿衣服的……一大早，窦校长就给大家发糖来了，可要得到糖果，是要说对密码的哦。（李　桦）

附小来了一对头发花白的夫妇，他们是剑桥大学国王学院的教授。其中麦克法兰教授是一位院士，他走进了五年级的课堂，与孩子们交流。麦克法兰夫妇与孩子们交流了梦想，我担任翻译。在课堂上，我不断地鼓励孩子们积极发言，敢于与院士交流，说出自己真实的想法。最后，同学们一同与麦克法兰夫妇朗诵了徐志摩的经典诗篇《再别康桥》。（焦　石）

同学们赴美演出期间，受邀参观了美国爱文世界学校。在文化交流活动中，清华附小的孩子们了解了美国的学校和文化，与美国的学生缔结了友谊。此次活动，为清华附小培养学生的家国情怀、国际视野打开了另一扇大门。（连　洁）

# 一、美无处不在

## 001 美丽的建筑

附小的建筑独特、美丽，符合小学生的特点。每座楼都不高，方便同学们下课就能来到户外活动。许多楼之间是连接的，遇上下雨、下雪的天气，同学们可以比较容易地到达各个功能教室上课。（黄耀华）

## 002 阳光房

在清华附小昌平学校一（3）班的阳光房里，每天都有新的变化，你能看到孩子们拿着小尺子测量植物，你能看到孩子们把水培植物移植到土壤中……在这样的"白沙海岸"中，学生们和丁丁、冬冬（班级卡通人物）一起扬帆起航，感悟人与自然的和谐发展。（华　伟）

## 003 生态家园

校园里种植的各种树木花卉约 200 余种，让孩子们不出校园也能看到、感知到自然的绚丽、四季的变化。这是一个生态的家园。（赵　辉）

**004** 校园背景音乐

　　音乐，跨越时间与空间，承载迷茫与心曲。声音沟通你我，聆听成为你我相遇的暗语。音乐来自自然，大自然的每一个角落都穿梭流淌着美妙的旋律。在休闲的时光里让美丽的校园充满美妙的歌声是很美妙的事，让我们的孩子徜徉在音乐的海洋里。（李　阳）

**005** 堆雪人

　　一场大雪覆盖了京城。老师先让孩子们看动画片《雪人》。看完动画，一声令下："全体到操场上堆一个属于你们自己的雪人！"童年的幻想、快乐、幸福，留在那美好的冬日中。（焦　玫）

**006** 寻找附小最美的角落

　　清华附小是一所有角落、有故事，令人难忘的生态田园、人文家园、书香校园、儿童乐园。老师组织孩子们寻找附小最美的角落，快快拿起手中的相机吧！（连　洁）

**007　画画附小的十大名花**

　　清华附小的校园里有四时不谢之花，八节长青之草，如丁香、玉兰、腊梅、连翘、鸢尾等等。附小评选出了校园里的十大名花，并组织孩子们用画笔描绘下来。生活中不缺少美，而是缺少发现美的眼睛。（许　剑）

**008　新校服**

　　清华附小的校服变了，同学们笑了，家长笑了。新入学的小同学们甚至想天天穿着漂亮的校服来上学，甚至出外旅游也不忘穿着，还骄傲地向人介绍："这是我们的新校服！漂亮吧！"（安　华）

**009　舞蹈中的教育**

　　我虽是一位语文老师，可特别喜欢跳舞，于是，在有关民族知识的课堂上，我有时会大显身手！舞蹈感染了很多学生，大家都爱我这位爱跳舞的语文老师！（沈　美）

## 010 华宇池

校园里的华宇池，一个个涌泉不停喷薄，代表学子们的拳拳感恩心。漫步蜿蜒的栈道，与鱼儿捉迷藏，赏朵朵莲花。孕育古老东方哲学的天圆地方，映射着每个路人，也映射着每个人的心。（隋敏芳）

## 011 注重气质养成

抬头、挺胸不能只是做做，关键在于好气质真的扎根身上。为此，我注重学生气质的养成，从小处、细处着手，以身示范，慢慢积淀学生身上的气质。（文炎钊）

## 012 飘荡在校园里的歌声

在我们学校，有很多自己的歌曲：《清华附小校歌》《三字口诀歌》《我爱运动》《三张名片歌》……这些都是合唱团的师生们利用业余时间去录制的，孩子们用自己天籁的歌声，为美丽的校园添上了一笔靓丽的色彩！（张　叶）

## 二、发现美的眼睛

**001** 水木之夏

　　清溪水木，濯濯清华。校园里的华宇池、雕塑、金鱼，一起构成了生机盎然的水木之夏大景观。孩子们在这里游戏，发现，绘画，与金鱼捉迷藏，与睡莲谈天。水木之夏，诠释朴素的生活态度。（代养兵）

**002** 带领学生感受自然

　　春天的微风、夏天的急雨、秋天的落叶、冬天的皑皑白雪都可化为学生的学习资源，整合是高效的学习方式，很多学习都可以被整合到大自然中，整合在游戏里。就让我们带着学生融入自然、感受自然，发现美、体会美、珍惜美。（陈慧娟）

**003** 毕业照也是风景

　　毕业照就一定要排排坐，整齐划一，从一大堆穿着一致的人中，要费好大力气才能找到自己吗？当然不！看看吧，这是老师为毕业生拍摄的毕业照。毕业照也是一道亮丽的风景。（连　洁）

**004** 课前一歌

　　课前一歌很好地调动了学生的情绪，为一节课的教学开了个好头，还对学生进行了艺术熏陶。学生唱歌的同时，我积极地参与其中，在彼此会心的微笑中，师生共同营造了良好的课堂氛围。（李秀玲）

**005** 播放晨练音乐

　　每天清晨，总有老师为操场上运动的学生们播放音乐，欢快的乐曲声伴随学生们度过充实快乐的晨练微课堂。（郭鸣剑）

**006** 校园雕塑

　　水木之夏、清源、天圆地方、我们的家等20个雕塑屹立在百年的清华附小。发现雕塑、研究雕塑、欣赏雕塑，再到与雕塑融为一体，不经意间，孩子的心灵中播下了一颗审美、鉴赏美、创造美的种子。看，故事就这样发生了。（代养兵）

**007** 童心看世界

人间四月天，毛毛细雨中，二（2）班的师生与家长一同参观了第39届艺术节——美术·书法教育教学展。展厅中，关于门票的设计组图给他们留下了深刻的印象。同学们把门票设计成各类样式，有的以学校的建筑为素材，有的以自己的书包为素材，有的以自己的笔袋为素材……制作出来的门票精致雅观。逗留在这些门票前，家长与老师不禁感叹——儿童是天然的幻想者，这些作品无一不充满艺术的率真和灵性。（李　宁）

**008** 走进诗词

班级坚持学习中国古代经典文化，并从兼具音韵美和艺术美的诗词开始。课堂上，老师带领同学们吟诵诗词，感受诗歌的音韵和意韵；课堂外，老师带领孩子们走进自然，感悟自然中诗歌的真实味道，引导孩子们用自己的绘画和语言进一步聆听、感受诗歌的魅力。（贾偲偲）

**009** 音乐作伴

让一串串音符和一段段旋律，时刻与学生为伴：音乐是开启人类心灵的窗户，一切经过音乐浸润的心灵都是美好的！班级的学生不仅在音乐课上可以与音乐相遇，加餐、课间、午休时，我都愿意把一段段旋律送给学生们。指尖流转的音符已经流淌进每一个人的心里。（李　秀）

### 010 架子鼓伴奏

六（4）班在合唱节的时候，演出得非常精彩。班里面的同学有的吹笛子，有的吹唢呐，有的打锣，但最令同学们意外的是，他们的班主任老师竟然打起了架子鼓，与同学们一起合奏，而且效果非常好，赢得了满堂彩。教师与学生一起演奏，一定会令学生非常难忘。（许长亮）

### 011 书法与音乐的整合

在书法课上，时常响起歌声，而后我便开始宣讲自己的心得：书写中的蘸墨近似于音乐中的停顿或换气；起笔收笔的方尖圆类似音乐中的低音、中音、高音；笔画的提按恰似音准上的波动，丰富而饱满；行笔的快慢粗细就像音乐中的节奏。让毛笔在宣纸上吐露情感，让鲜活的个性透出艺术气息。（应　云）

### 012 玉兰诗会

玉兰花开了，我带领学生们进行了玉兰诗朗诵会。学生们纷纷拿出查找的关于玉兰花的诗歌，一个接一个朗诵起来。那童声的抑扬顿挫，那古诗的悠长韵味，似乎和洁白的玉兰融为一体。（王娜娜）

**013** 谭晶和我一起歌唱

总政歌舞团著名歌唱家谭晶莅临我校，在同学们带领下，她参观了校园，走进了学校图书馆。在同学们的邀请下，谭晶来到了正在进行合唱练习的教室，和孩子们一起歌唱，并现场演唱了她的成名曲《在那东山顶上》。（连 洁）

**014** 参观韩美林艺术馆

附小的100多名同学跟随老师来到北京韩美林艺术馆，参加"多彩的艺术之旅"活动，观摩学习并进行集体绘画创作，同时得到了大师的指导与肯定。（许 剑）

**015** 班级好声音

六（4）班有一个非常受同学们欢迎的活动，那就是班级好声音比赛。老师组织学生们利用课余时间，举办歌唱比赛，既丰富了学生们的活动，又增进了学生们的感情。（许长亮）

班级好声音——第一季

总策划：汤子懿

执行：汤子懿、郑曼怡、金景彬、封尚欣、黎艺馨

好声音歌唱比赛意义：

班级好声音可以起到团结同学、调整男女生关系等作用。班级好声音还可以让那些平时不敢说话的同学有自己的空间来表演。

好声音歌唱比赛流程：

（1）　海选报名。

（2）　前8强比赛。

经过抽签决定每两人一组进行PK。单数局，有一人轮空。由全班同学投票，两人中有一人能留下来。选出8强。

每天中午进行两组比赛。

（3）　8进4比赛。

8名选手每人选一位异性助唱，共同参加比赛。抽签分组。

由全班同学投票，选出4强。

每天中午进行两组比赛。

（4）　4进2半决赛及决赛。助唱参与至半决赛。

半决赛及决赛邀请老师们参加，每位老师有10张选票。

（5）　前三强获得本学期领唱班歌资格。

报名截止日期：10月15日（星期二）！

首场淘汰赛开赛日期：10月17日（星期四）！

欢迎为"班级好声音"设计A4海报！入选者有奖！！有奖啊！！！

老师带学生走进清华美院，和美术家们面对面交流，和美院的大哥哥大姐姐接触学习，观赏他们的作品，并有专业老师在旁边讲解。这有利于培养学生健康的审美观，发展学生鉴赏美和创造美的能力。（朱丽娜）

# 三、校园毕加索

**001** 墙 绘

　　丁香书院的楼梯有两面白墙，美术组的老师在墙面上进行彩绘，内容是清华附小百年校庆的吉祥物——丁香娃娃。同学们看到墙上生动可爱的丁香娃娃，别提多开心了！（张婷婷）

**002** 山水涂鸦

　　远看朦朦胧胧，又似山水国画。走近一看，假山下水流涓涓，原来孩子们拿起笔，尽情在山石上书写、绘画，一阵风吹来，痕迹消失了，另一个孩子又可以开始涂鸦了……（代养兵）

**003** 百位书法家进附小

　　清华附小美术社团的同学们与四十多位清华美院研修班的书画艺术家，一起交流艺术，一起绘画百年的附小。大家一起用画笔为百年附小留下最美的色彩，为百年附小助力！这也拉开了百名书画家进附小庆百年系列活动的序幕。（韩 冬）

## 004 手绘T恤

马约翰杯运动会中，每个班级代表一个国家，三（1）班代表的是洪都拉斯队。班主任老师鼓励同学们手绘T恤，为洪都拉斯加油、打气。每一名学生都发挥自己的聪明才智，用独特的创意展现所代表的国家，宣传体育精神，同时感受足球的魅力。（李春虹）

## 005 书画装点教室

在我们班，天花板上绘有花鸟国画，并配有书法，欣赏与学习同在。（贺军峰）

## 006 钢琴

每当听到从指尖流淌出来的钢琴的动人旋律，都会让人心生愉悦。弹钢琴是件需要天天练习、坚持不懈的事情，老师为学生准备了好几台钢琴，放在不同的地方，方便孩子们在课余时间弹奏或练习。每当此时，总能引来其他同学的一片赞美之声。（李　桦）

**007** 创意摄影

　　同学们背着相机，拿着手机，举着 iPad，走进校园的各个角落。他们这是要干什么？哦，原来美术课上老师教了他们运用位置、遮挡等方法进行创意摄影。这可真有意思啊！照片里孩子们可以一口吃掉同学，可以拔起大树，可以背起雕塑，也可以抓住太阳。（连　洁）

**008** 创意运动会号牌

　　马约翰杯运动会就要开始了！运动员号牌一定要中规中矩，全校统一吗？老师决定发挥同学们的创意，让他们自由创作号牌。看右图，1 是一个燃烧的火炬，2 是一只骄傲的天鹅，多有意思啊！（连　洁）

**009** 绘制创意环保布袋

　　六一是孩子们的节日，学校为全校同学准备了节日大礼包，一个米色的印有校徽的环保手提袋，里面装着小礼物。老师号召同学们发挥想象，在环保手提袋上尽情创作。有了创作的空间，同学们就有了大展身手的舞台。他们就像是点石成金的魔法师，把简单的手提袋变成了精致的艺术品。（连　洁）

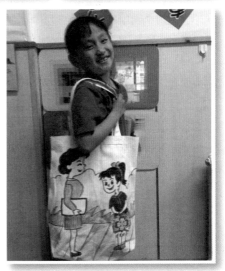

**010** 原创音乐会

音乐老师指导学生完成了八首风格各异的原创校园歌曲。学校为同学们举办了隆重的原创音乐会，唱响了学生们童年成长的最美诗篇。（连　洁）

**011** 最美纸艺花

四（7）班的同学们喜爱制作纸艺花。每一个学生都能从做纸艺花中获得特别的体验、美的感受，找到适合自己的表达方式。纸艺花中寄托着老师对同学们的殷切希望——人生要像花一样美，像花一样绽放。（张　晖）

**012** 我有一双巧手

二（7）班有好多双巧手，他们会制作纸粘土、会剪纸、会做手工……让一双双巧手活跃起来吧！这些巧手帮助更多双稚嫩的小手学会了本领、获得了成就感！（沈　美）

**013** 创意餐巾纸盒

五年级开家长会的时候，班级门口有用餐巾纸盒拼成的字——"五四欢迎家长"。普通的餐巾纸盒在学生手里，成了创意作品。这一活动，提高了学生的动手能力，也提高了学生的环保意识。（许长亮）

**014** 爱上石头画

石头是大自然的宝贝，它们形态各异、质感不同，在这些宝贝石头上进行绘画创作，会有怎样的精彩呢？绝对会有惊喜！（许　剑）

**015** 《"哆来来"诗画集》

这是孩子们自己的诗画集。诗是仿照语文课文《礼物》在课堂上完成的，虽稚嫩，却很动人；画是孩子们的日常作品，没有专业老师的指导，完全是孩子对生活的自主表达。这份表达感恩、记录成长的诗画集，是三（2）班学生献给附小百年华诞最真挚的礼物！（张家龙）

### 016 清华附小艺术节

"乐舞书画'四个一'，每人一项好才艺！"清华附小艺术节开幕了。在五月份，每个孩子都将走上舞台，亮出天籁般的歌喉，展现优美的舞姿，拿起画笔，画出自己的艺术童年。琴声悠悠、歌声袅袅、舞姿翩翩、墨香阵阵，人人展示自己的艺术才华，校园处处绽放美丽的艺术丁香！
（连　洁）

### 017 水木童声合唱节

水木童声合唱比赛开始了，以班级为单位，同学们走上舞台，为大家献上了一首首动听的歌曲。各个班级各具特色，形式多样，虽然同学们的歌声还很稚嫩，却把在场的家长和老师们深深打动了。无论是天真的还是欢乐的，无论是古典的还是动感的，同学们都在这个属于自己的舞台上绽放了精彩。合唱节一直是附小的优良传统，水木童声合唱节一直会传承下去。
（张华毓）

### 018 百张自制邮票

清华附小百年华诞来临之际，三（5）班的师生选择了制作邮票这一特殊文化样式来祝福附小的百岁生日。"方寸天地间，纵横数千年。人文通古今，色彩多斑斓。"邮票——小小的一方天地，却满含着师生深深的、浓浓的情思，他们用制作百张创意邮票的方式为百年校庆助力。（申旭兵）

**019** 粉笔盒的外衣

　　小小的粉笔盒也穿上了孩子们设计的外衣。在教室里，童真、童趣随处洒落。

（俞　璐）

**020** 动手制作环保羊

　　羊年到了，学校号召同学们用环保材料手工制作小羊。瞧，这作品真是有创意啊！

（连　洁）

# 学会改变

## 一、小鬼当家

### 001 让金鱼找到另一个家

华宇池的金鱼，是所有附小人的挚爱。但是，北京的冬天，水会结冰，金鱼就无法再继续生存。所以，当天气变冷的时候，学校就把金鱼赠送给愿意收养金鱼的孩子，让它们找到另一个家，并为孩子上了一节很好的生命教育课。（代养兵）

### 002 观察蚕的一生

每个孩子一只可爱的蚕宝宝，在孩子们无微不至的照顾下，它经历一次又一次的脱皮，吐丝做茧，最后羽化成蝶。播撒在孩子心中的不仅仅是丰厚的收获，更是这个过程带来的对责任和耐心的深刻体验，对生命的尊敬。（黄　静）

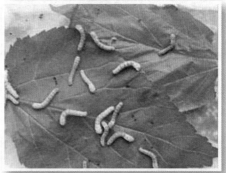

### 003 服装保管员

在健美操校队小队员的眼里，精美漂亮的比赛服可是她们的心肝宝贝。经队长陈子墨同学提议，所有的演出服装由小队员们自己管理。队员们立即分好小组，为服装分类，标注名称，标注穿着记录，护理卫生，保持整洁等等。小队员们每天精心照顾，她们的"心肝宝贝"每一件都像新的一样。慢慢地，孩子们养成了每次训练后都检查服装的好习惯，真正做到了自己的宝贝自己疼。（张　忱）

**004** 小老师

　　我教的每一届学生，当他们升到高年级时，都要到低年级去当小老师，从教弟弟妹妹们做值日，到给他们读书、讲故事，或者一起玩游戏……在这一过程中，低年级的小同学得到了大哥哥大姐姐的帮助，也从哥哥姐姐身上懂得了责任担当。（李红延）

**005** 组长的责任

　　在清华附小实施小组化合作期间，为了让学生们能够有效进行小组合作，科技组进行了创新尝试。例如在组长的竞聘上，首先让愿意承担责任的学生进行宣讲竞聘，之后为组长们准备了组长聘书，在他们担任组长的第一天就赋予他们神圣的使命。选择了组长，就选择了全组的责任。（李　强）

**006** 手拉手，走进未来的旅程

　　从小学走进初中，将开启人生一段新的旅程。学生对未来既有憧憬，又有畏惧感。我邀请附小已经毕业的学生回母校，给六年级的学生做毕业课程，讲解升初中后的学习变化。学长学姐们走进阔别已久的清华附小，走进班级，手拉手给学弟学妹们讲解上初中要注意的事项。一个下午的时间很快过去了，大家依依不舍，相约中学再见。（焦　玫）

007 拔河是一场凝聚力的较量

　　清华附小在大操场上举办了"我运动，我健康，我快乐"——全体教师拔河比赛，由全体学生充当啦啦队。我们看到，摔倒的老师们手里依旧紧紧地拽着绳子；我们感受到，在实力均衡下两队队员超越极限的耐力较量；我们察觉到，同学们在观看比赛的过程中对"凝聚力"这个词有了新的领悟。（连　洁）

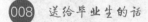

008 送给毕业生的话

　　窦校长在毕业典礼上送给毕业生三句话：第一句，做一个永远的读书人；第二句，做一个永远善良的人；第三句，做一个永远有梦想的人。这三句话将影响孩子的一生。（连　洁）

009 "护蛋行动"

　　"护蛋行动"让我们体会到了弱小生命的不易，让同学们学会了知恩、感恩、报恩！（邰思铭）

**010** 拜访吴良镛

为了解最前沿的科学知识，向科学领域的杰出人物学习，我校五、六年级学生代表在老师的带领下，登门拜访了两院院士吴良镛先生。吴爷爷热情地回答了学生的提问，讲述了自己的求学之路，以及在建筑方面的一些思考和想法，在孩子们的心里不仅撒下了科学的种子，更重要的是树立了社会责任感。（连　洁）

**011** 学长日

学长日是附小毕业课程中的传统活动。在学长日期间，同学们与低年级的学弟学妹们共同分享，相互促进，让言行得体深化到每一天的教育教学活动中，发挥毕业生的榜样示范作用。（连　洁）

**012** 鼓励质疑课本

清华附小把"大胆质疑"作为提高数学素养的一个重要方面，注重在批判性思考中培养学生的创新思维。教师鼓励学生不唯师、不唯书，通过自己的理性思考大胆地对同伴、老师和课本进行质疑，并展开对话。课堂上的诘问、辩论成为课堂新常态。三（7）班宋晓同学在课堂上发现课本中的一个错误，面对全班同学大胆质疑，并陈述了自己的理由。我鼓励其写信给编辑叔叔阿姨，并在信末写上了我的评价和意见。（汤卫红）

## 013　小小校园志愿者

虽然他们是中年段的学生，但个个都已经具有丰富的为他人服务的志愿者经历了。同学们乐此不疲地参与到志愿者活动中，给低年段同学讲午间故事，带领低年段同学猜谜语，给低年段魔尺大赛当裁判……志愿者经历丰富了学生们的生活体验，增强了他们的责任感。（刘　鸿）

## 014　我是它们的妈妈爸爸

一粒种子生根、发芽、长叶……这是多么美好的生命力！一（8）班的学生每个人都有自己的种子，他们每天悉心照料，写观察日记，努力让每粒小种子健康成长！他们担负起了沉甸甸的责任，同时也是快乐的责任！（沈　美）

## 015　成长的见证

开学啦，以什么方式拥抱新学年呢？小小机灵鬼儿写下了自己的新学期打算。附小要一百周年了，孩子们畅谈了自己的百年梦想，将它们记录下来邮寄到"时间胶囊""时间邮筒"梦想箱中。将孩子们的新学期打算和百年梦想一并收集汇总起来，珍藏在我的抽屉里，作为学生们成长的见证。（张　强）

**016** 金帆民乐团小干部竞选

每年一度的金帆民乐团小干部竞选在闻道厅如火如荼、有条不紊地进行着。孩子们通过激烈的竞选、投票，最后选出了自己的小干部。他们将在今后的乐团活动及管理中，为同学们好好服务。（吴跃猛）

**017** 小鬼当家

"别看我们年龄小，我们能做很多事情！"在二（4）班，同学们最喜欢听到的一句话是"你真能干！"他们是实实在在的班级小主人，打扫卫生、浇灌绿植、整理图书、收发作业、组织讨论、发放加餐、开关窗户、维护秩序……每一项事情都有专人负责，实现了"班级自治"。大家齐心合力，班级工作井然有序。（赵红霞）

**018** 服务小分队

学校为方便体育自选轮滑的同学放置器材，在华韵楼外提供了"轮滑之家"。但由于轮滑装备体积大且质量重，低年级学生往架上放置有较大困难。中年段老师带领学生为学弟学妹们服务，细心地摆放、整理，让每个轮滑包有一个"安稳"的家。看着自己的劳动成果，孩子们享受到"公益"服务的快乐！（汤卫红）

019 岩石讲座

这次活动是学生自己开发的毕业课程。五年级岩石社团成立以后，孩子们一直致力于对岩石知识的研究。在团长阳抒诚的带领下，结合三年级岩石单元，他们从制定课程目标、方案，进行明确的任务分工，到岩石、沙土的准备与搬运，奖品的设置、挑选与购买，再到牺牲自己的周末进行反复的试讲，最终给同学们带来了一场精彩的岩石讲座！

（许　剑）

020 丰富的主题课程

清华附小根据学生的年段特点，开展了丰富多彩的主题课程，培养学生勇于担当、言行得体、自律自强、诚实守信、协商互让和尊重感恩，为学生的一生打下精神的底子。（尹红丹）

021 冬天的快乐

一场大雪过后，操场热闹了起来。打雪仗、堆雪人是孩子们最喜欢的，你追我赶，充斥着热爱生活、进取团结的精气神。最后孩子们还会在我的引导下，把路面清理干净，胸怀责任感与使命感，真正是清华附小的小主人。

（尹红丹）

## 022　为大家服务

二年级了，学校要求各班选出第一任班队委。我利用这次选举的机会对学生进行教育：当干部不是为了自己的面子、荣誉，而是为了服务大家，希望有工作热情、能力的同学当选，鼓励每一位学生根据自己的优势参与大队委、中队委、小队委的选举。在选举当天，我惊喜地发现每一个上台发表竞选演说的学生都信心百倍、言辞诚恳。最后经过公平投票，选出了班里的第一任班委，他们站在前面向大家承诺——很高兴为大家服务！（尹迎春）

## 024　图书馆志愿者

培养"小图书管理员"一直是图书馆的重要工作之一。每年开学之初，图书馆都要在同学当中招募"小图书管理员"。同学们报名非常踊跃。经过筛选，一部分同学光荣地当选"小图书管理员"，他们经过图书馆老师的严格培训，将承担起图书馆的一些日常工作——给书籍上架、整理书架上的图书、在"阅读微课堂"上当小老师，等等。这不仅激发了"小图书管理员"的工作热情，也锻炼了他们的责任心和组织管理能力。（杨雪原）

## 023　午餐志愿者

每天中午吃完饭后，我们班的午餐志愿者就会轮流上岗负责收拾餐盘，监督同学们是否做到了"光盘"。看，他们站在餐车前，麻利地把大家送的餐盘摆放整齐，发现有些同学没有吃干净盘里的饭菜，还非常友好地提醒要节约粮食。别看他们年龄小，只要给他们一个展示的舞台，这些小鬼就能当家！（尹迎春）

025　毕业典礼学生筹委会

　　毕业典礼前老师号召同学们自愿报名，成立毕业典礼学生筹委会。他们志愿参与到活动的每一个环节中，周到新奇的想法每每让老师们惊喜不已。孩子们付出了辛勤的汗水，切身体验了典礼活动的整个筹备过程，并从中收获了宝贵的经验与成长的喜悦。孩子们可爱的身影成为本次活动中一道独特而明媚的风景。（连　洁）

026　英语小导游

　　在清华附小有这样一支特别的队伍，他们神采奕奕地站在校园的十二大景观旁为来宾介绍美丽的清华附小，中英文双语自由转换……他们，就是了不起的清华附小的英语小导游！（赵若冰）

# 二、大手拉小手

**001** 央视栏目组走进附小电视台

中央电视台少儿频道《新闻袋袋裤》栏目组走进清华附小。该栏目组主持人阳光、杜悦以及栏目组的制片人、导演、摄影都齐聚校园，开始指导附小电视台工作。同学们在专业人士的鼓励指点下，认识到了自己工作中的一些优势和问题，大家表示要改进工作方法，让水木童心电视台的节目更专业，更精彩。（代养兵）

**002** 温暖"衣"冬

家国情怀、公益责任在百年附小一件件意义深远的实事中不断体现出来，并且影响了每一位学生。秉承清华大学"自强不息，厚德载物"的校训，清华附小开展了面向广西布兵小学的温暖"衣"冬捐赠活动。活动得到了同学和家长的支持，各班踊跃捐赠，全校 42 个班级，1542 人参加，共捐赠各类冬衣近万件。（郝晓红）

**003** 亲子共学

每年的 10 月，老师会邀请孩子们的家长来到学校，进行一天的亲子共学活动。爸爸妈妈们走进课堂，来到孩子们的身边，参与孩子们一天的学习生活。儿童站在正中央！老师们与家长们携手，共同引导和帮助孩子们走向聪慧与高尚的人生。（范　敏）

**004** 送书进大山

六（4）班组织孩子们把自己看完的课外书捐给四川大山里的孩子们，并给远处的朋友寄去信件。当孩子们收到四川孩子们的回信时，他们非常喜悦，这种帮助别人得到的快乐，会在孩子心中埋下善的种子。（许长亮）

**005** 社会大课堂

除了课堂学习外，孩子们走进广阔的社会大课堂，参观海洋馆，走进科技馆……孩子们学到了很多在课堂上得不到的知识，丰富了见闻，拓宽了视野，不仅把自己的所学所思和生活联系起来了，更在每一次活动中学会了与人沟通和交流。（贾偲偲）

**006** 书画进社区

清华附小组织了"迎新年，进社区"书画会活动。在活动现场，六个班的学生精心地布置了几十个书画摊点，出售的都是自己在课堂上的学习成果，各摊点也不乏学生现场作画、写春联的情况。学生为了招揽顾客，准备了投篮游戏、现场演奏乐器等，还有买一送一、抽奖等促销手段，活动现场非常热闹。社区人员、路过的行人，还有很多家长，纷纷被吸引了过来，他们感叹学生的书画技艺，为学生的热情所感染。这次活动，提高了学生的社会实践能力，是学校"X特色课程"之一。（张华毓）

二（2）班的师生到了花旗银行中关村支行，参加"小小银行家"的体验活动，开启了一次奇妙的金融之旅。银行的工作人员带领他们参观了银行，讲解了银行的一些基本知识、货币常识，并让每位学生都亲自到ATM机上办理了取款业务、到柜台办理了存款业务，还教了同学们点钞的方法。改变自己从认识世界开始。

（李　宁）

**008**　家长水木秀场

"亲子共学体验日"的最大特色是家长水木秀场，家长们纷纷亮出"十八般武艺"，如"老爸老妈童年游戏""小小乒乓球""美味寿司""三D打印""英语会话万圣节""足球射门""中国象棋"等等，家长们可谓能文能武，上知天文，下知地理。学生们看到家长们如此多才多艺，被深深吸引了，安静有序地享受着家长秀场的滋养。

（张华毓）

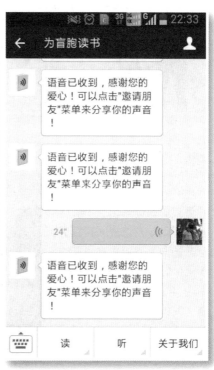

**009**　为盲胞读书

老师倡议班级同学为盲人朋友做一份我们力所能及的事，读一段好文章，发送到微信中，献上一份爱心就这么简单。（韩　冬）

010 毕业课程之律师带我毕业

"小学生走进法庭"这一活动的开展，让同学们深入地了解了法庭的组成、功能和庭审常识，零距离地感受了审判工作的威严，给同学们上了一堂生动鲜活的法治教育课，为预防未成年犯罪起到了积极作用。（郝晓红）

011　图书小义卖，公益大情怀

　　百年清华附小，书香满校园。这所美丽的校园中，图书随处可见，书籍就在儿童身边。世界读书日，同学们以传统的图书义卖活动，倡导阅读，并将所得书款捐助给青海玉树的小伙伴们，让自己的爱心播撒向更远的地方，努力成为有"天下情怀"素养的清华少年。（连　洁）

012　牵手西部足球少年

　　清华附小足球队与来自甘肃省的西部足球少年联队进行了足球友谊赛。赛后足球队的同学们为来自西部的小伙伴们赠送了足球、图书、学习用具。此次足球友谊赛，既以球会友，又培养了学生的责任意识、担当意识。（连　洁）

**013** 超越自我

生存岛"勇于担当"课程中，同学们不断挑战自我极限，学会学习，学会做事，学会合作，更学会了生存的智慧。生命的成长不仅仅是获取课内的知识，还要让学生知晓在生活中如何面对困难，如何解决问题，形成完整的人格。（王建刚）

**014** 志愿公益，家国情怀

有爱的冬天不会冷，清华附小六（2）班学生在 2014 年寒冬的一个周末，在老师和家长义工的陪伴下，抱着募捐来的书籍、学具，来到河北省贫困地区涞源县，开展献爱心公益活动。同学们在东团堡中心小学共同畅谈梦想，在东团堡中学感受成志于学，在百团大战纪念碑前献花哀思，在王二小纪念馆书写志向……（王　君）

**015** 航天员来了

四（5）班来了一位神秘的客人——来自太空的日本宇航员毛利卫先生。学生用歌声和长笛欢迎他，用英语和他交流互动，还进行了小游戏。通过交流，学生了解了许许多多新鲜的太空航天知识。"如果有一天，我们也能升上太空进行科学探索，多好啊！"这成了孩子们的愿望。（王秀平）

**016** 向劳动者致敬

五一国际劳动节期间，学校开展了"寻找身边榜样""致一线劳动者一封信""送百年祝福贺卡"等活动。全校学生人人参与，一封封问候信、一张张祝福卡载着孩子们对劳动者的尊重，飞向祖国的四面八方。榜样的力量是无穷的，在书信来往中，孩子们深深懂得每一个人的每一份劳动，都值得尊重，并爱上劳动。让"劳动最光荣，劳动最崇高，劳动最伟大，用劳动托起梦想"的种子，真正在孩子心中扎根发芽。（连 洁）

**017** 对话中国职业帆船第一人

完成单人帆船环球航行的郭川来到美丽的附小校园，参加了我校的升旗仪式，分享了环球航行中的感人故事，讲述了航海的艰辛与感受，让同学们感受到执著于梦想的强大力量。他还对同学们现在拥有优越的学习环境，表达了羡慕之情，鼓励同学们珍惜生活，追求梦想！（连 洁）

**018** 敬老爱老我先行

我们经常教导孩子们要关爱老人，特别是敬老院里的那些孤单的爷爷奶奶们。于是我们经常组织学生走进社区敬老院，给爷爷奶奶们表演节目，和他们一起度过快乐时光，希望孩子们的笑脸能给爷爷奶奶们带来快乐！（沈 美）

## 019　亲近社会

　　同学们的生活有时很简单，家庭、学校、辅导班三点一线，我们身处的社会是什么样子？怎样面对形形色色的社会新闻？我们该用怎样的视角分析社会问题？教室一角——了解社会，教会孩子分析、辨别、评价……
（薛　晨）

## 020　请家长进课堂

　　一（7）班开展了"家长进课堂"活动。《手机，让我欢喜让我忧》《奇妙的人体细胞》《雾霾天气》……家长们大胆创新，用超前的理念、鲜活的教学内容、精彩的课堂呈现，吸引了学生的注意力，有效地激发了他们主动参与活动的热情。爸爸妈妈带动他们改变看世界的角度。
（王　艳）

## 021　每一次演出都是教育

　　通州干休所的舞台上，孩子们散发着自信的光芒。演出后老师带领同学们参观学习开国元勋事迹，听干休所里的爷爷奶奶们讲故事，每一次演出都是一次教育契机。
（文炎钊）